얼음의 눈물, 황금의 항로

: 북극항로가 제안하는 상생의 인문학

contents

프롤로그　　얼음 녹은 바다와 새로운 길의 속삭임　　6

제1부　대지와 바다를 넘나든 길의 문명사

제1장 ｜ 대지 위의 첫 발자국과 문명의 서진(西進)　13

1-1절　비단길을 통한 동서양의 문명 융합
1-2절　제국의 견고한 혈관, 로마 가도
1-3절　정보와 기술이 흐르는 문명의 신경계
1-4절　세계를 하나로 묶은 칭기즈칸의 초고속 신경망
1-5절　길 위에서 꽃핀 인류의 집단 지성

제2장 ｜ 바다의 확장과 시공간의 재편　53

2-1절　향신료의 유혹과 대항해 시대의 서막
2-2절　마젤란의 오디세이와 구체 지구의 실증
2-3절　정화의 멈춰버린 대 함대가 바꾼 운명
2-4절　갤리온 무역과 아편전쟁 – 항로개척의 상처
2-5절　대항해 시대의 유산과 근대적 가치의 탄생
2-6절　대지의 허리를 끊어 바다를 잇다

제3장 ｜ 만년빙의 장벽을 뚫어낸 불멸의 항해자들　102

3-1절　얼어붙은 시간 속의 등불이 된 빌럼 바렌츠
3-2절　극지의 지혜로 인내의 결실을 맺은 로알 아문센
3-3절　실패의 기록이 완성한 지도

제2부   열병 앓는 행성의 얼음 눈물

제4장 ㅣ 기후 위기를 투영하는 북극의 거울　130

4-1절　광산의 카나리아가 보내는 메시지

4-2절　하얀 방패의 몰락과 검푸른 바다의 역습

4-3절　북극항로의 역설과 문명사적 응전

제5장 ㅣ 얼어붙은 바다 위의 신(新) 그레이트 게임　150

5-1절　러시아의 북동항로 선점과 북극해의 요새화

5-2절　중국의 야심과 미국의 견제

5-3절　그어진 선들과 부딪치는 주권의 파도

5-4절　분쟁의 현장과 국제적 과제

제3부   욕망과 기술의 연금술

제6장 ㅣ 동토 아래 잠든 보물　184

6-1절　북극해 매장 자원의 규모와 가치

6-2절　자원 확보를 위한 공학적 사투

6-3절　화석 연료의 마지막 보루와 에너지 주권

6-4절　전략 광물이 흔드는 공급망의 판도

제7장 ㅣ 호모 파베르의 정수, 얼음 성벽을 넘는 테크네　210

7-1절　원자력 쇄빙선과 얼음을 짓누르는 기술

7-2절　데이터의 심연에서 찾은 지능형 항로

7-3절　북극 해저의 정보 혁명

제8장 | 북극항로가 바꿀 세계 경제의 맥박   230

    8-1절   수에즈의 그늘을 벗어나다
    8-2절   막다른 골목에서 세계의 관문으로
    8-3절   효율의 덫을 넘어 복원력의 거점으로
    8-4절   정화의 교훈과 한국의 전략적 나침반

제4부   공존의 문법

제9장 | 침묵하는 생명 앞에서 묻는 문명의 자격   266

    9-1절   부서지는 생명의 그물망
    9-2절   새로운 항해의 법전
    9-3절   북극 원주민의 삶과 문화적 유산

제10장 | 내일의 지도와 상생의 인문학   284

    10-1절   고립된 주권에서 공유된 책임으로
    10-2절   기후 위기 시대의 문명적 가치
    10-3절   북극이 제안하는 상생의 길

에필로그   우리가 개척해야 할 성찰의 길   300

Prologue

얼음 녹은 바다와
새로운 길의 속삭임

얼음 녹은 바다와 새로운 길의 속삭임

문명의 침묵을 깨는 북극의 목소리

북극의 얼음이 녹아내리고 있습니다. 이것은 더 이상 먼 미래의 예언이나 기상학자들의 건조한 통계 수치가 아닙니다. 수천 년 동안 인류에게 거대한 백색의 장벽이자 범접할 수 없는 신비의 성소로 남았던 그 거대한 얼음 대륙이, 이제는 그 단단한 빗장을 풀고 새로운 바닷길을 열어주며 우리에게 나지막이 속삭이고 있습니다.

그 속삭임은 때로 매혹적인 기회의 소리로 들리기도 하고, 때로는 지구의 깊은 신음처럼 들리기도 합니다. 이 소리는 단순히 지리적인 경계가 허물어지는 소리가 아닙니다. 그것은 21세기 인류가 마주한 가장 중대한 질문이자, 문명사적인 거대한 전환점 위에서 우리가 어떠한 선택을 해야 할지를 묻는 준엄한 메시지입니다.

과연 우리는 이 얼음이 비켜난 자리에서 열리는 새로운

길 위에서 어떠한 미래를 써 내려갈 것인가? 이 질문에 답하기 위해 우리는 먼저 인류가 걸어온 '길'의 서사를 되짚어 보아야 합니다. 길은 언제나 인간의 발자국이 남긴 역사의 문장이었기 때문입니다.

인류의 역사는 곧 길의 역사였습니다

인류의 역사를 한마디로 정의하자면 그것은 곧 길의 역사였습니다. 길이 생기기 전, 인간은 각자가 고립된 섬과 같았습니다. 타자와의 만남은 두려움이었고, 지평선 너머는 신들의 영역이었습니다. 하지만 누군가의 첫 발자국이 희미한 오솔길이 되고, 그 길이 다시 거대한 네트워크가 되었을 때, 문명은 비로소 교류하기 시작했습니다.

고대 실크로드의 끝없는 사막 위를 걷던 낙타 행렬은 동양과 서양이라는 거대한 두 세계의 씨앗을 서로의 토양에 뿌리고 싹을 틔웠습니다. 그 길 위에서 비단과 향료가 오갔고, 그보다 더 귀한 종교와 철학, 그리고 과학기술이 흐르며 인류의 지성을 일깨웠습니다. 뒤이어 대항해 시대의 돛단배들은 미지의 파도를 뚫고 나아가 세계 지도를 다시 그렸으며, 대륙과 대륙을 잇는 거대한 운하들은 지구의 물리적 제약을 극복하며 전 지구적인 물류 혁명을 일으켰습니다.

길은 언제나 인간의 뜨거운 욕망과 두려움을 이겨낸 용기 그리고 자연의 한계를 극복하려는 지혜의 산물이었습니다. 길 위에서 문명은 번성했고, 서로 다른 문화는 충돌하고 융합하며 새로운 가치를 만들어냈습니다. 인류는 그렇게 끊임없이 새로운 가능성을 탐색하며 자신의 지평을 확장해 왔습니다. 그리고 지금, 우리는 또 다른 새로운 길의 문턱, 즉 얼어붙은 바다 북극에 서 있습니다.

지구 온난화의 역설이 열어준 문

우리가 마주한 이 새로운 길은 매우 기묘하고도 역설적인 배경에서 태어났습니다. 인류 문명이 풍요를 구가하며 배출한 온실가스가 초래한 지구 온난화라는 거대한 위기가 아이러니하게도 아시아와 유럽을 잇는 최단 거리의 바닷길인 북극항로를 열어준 것입니다. 이는 인류가 땀 흘려 길을 닦은 것이 아니라 지구가 열병을 앓으며 얼음 옷을 벗어버린 결과입니다.

이것은 단순히 화물이 이동하는 시간을 단축하는 물류 혁명을 넘어선 사건입니다. 그것은 에너지 안보의 재편, 지정학적 권력의 이동, 그리고 우리 지구 환경의 존립 여부까지 아우르는 매우 복합적이고 거대한 의미를 지닙니다. 하지만 이 길은 단순히 경제적 이득과 번영만을 약속하는 '기회의 땅'만이 아닙니다. 북극의 얼음이 녹아내리는 소리는 우리에게 새로운 기회를 알리는 축복인 동시에, 우리가 만들어낸 기후 변화가 임계점에 도달했음을 알리는 지구의 엄중한 경고이기도 합니다.

탐욕과 공존의 기로에서

우리는 지금 야누스의 얼굴을 한 북극항로 앞에 서 있습니다. 북극의 취약한 생태계는 이미 인간의 활동으로 인한 오염과 파괴의 위협에 직격탄을 맞고 있습니다. 얼음 아래 잠든 자원을 확보하려는 국가 간의 치열한 경쟁은 소리 없는 전쟁터가 되어 새로운 갈등의 불씨를 지필 수 있습니다. 이 길은 우리가 직면한 가장 큰 숙제, 즉 지속 가능한 발전과 지구적 책임이라는 딜레마를 해결하지 못한다면 결코 온전히 걸을 수 없는 길입니다.

이 책은 북극항로가 지닌 이 장엄하면서도 위태로운 서사를 인문학의 시각에서 담고자 합니다. 과거 인류가 길을 개척하며 겪었던 영광과 그 이면에 숨겨진 비극을 되새기고, 북극항로가 열리기까지의 과학적 배경과 역사적 도전을 깊이 있게 탐험할 것입니다. 또한, 이 길이 가져올 지정학적 지각변동을 냉철하게 분석하면서도, 우리가 반드시 지켜야 할 북극의 환경과 인류의 책임을 조명할 것입니다.

마지막으로, 우리는 북극항로가 보여주는 미래 시나리오를 통해 인류가 과연 어떠한 선택을 해야 할지 함께 고민해보고자 합니다. 독자 여러분은 이 여정을 통해 북극항로가 단순한 해상 운송로가 아니라, 인류의 지혜와 탐험 그리고 지속 가능한 미래를 위해 우리가 반드시 걸어가야 할 '성찰의 여정'이라는 것을 깨닫게 될 것입니다.

얼음이 녹아내리는 바다 위에서, 우리는 과연 어떠한 이야기를 써 내려갈까요? 그 답은 결국 우리의 손에 그리고 이 길을 바라보는 우리의 시선에 달려 있습니다. 이제 그 백색의 미로를 향해 첫 발을 내디뎌 보겠습니다.

제1부

대지와 바다를
넘나든 길의 문명사

제1장 ｜ 대지 위의 첫 발자국과 문명의 서진(西進)

1-1절　비단길을 통한 동서양의 문명 융합
1-2절　제국의 견고한 혈관, 로마 가도
1-3절　정보와 기술이 흐르는 문명의 신경계
1-4절　세계를 하나로 묶은 칭기즈칸의 초고속 신경망
1-5절　길 위에서 꽃핀 인류의 집단 지성

제2장 ｜ 바다의 확장과 시공간의 재편

2-1절　향신료의 유혹과 대항해 시대의 서막
2-2절　마젤란의 오디세이와 구체 지구의 실증
2-3절　정화의 멈춰버린 대 함대가 바꾼 운명
2-4절　갤리온 무역과 아편전쟁 – 항로개척의 상처
2-5절　대항해 시대의 유산과 근대적 가치의 탄생
2-6절　대지의 허리를 끊어 바다를 잇다

제3장 ｜ 만년빙의 장벽을 뚫어낸 불멸의 항해자들

3-1절　얼어붙은 시간 속의 등불이 된 빌럼 바렌츠
3-2절　극지의 지혜로 인내의 결실을 맺은 로알 아문센
3-3절　실패의 기록이 완성한 지도

대지와 바다를 넘나든 길의 문명사

인류의 역사는 거대한 길을 따라 굽이쳐 흘러왔습니다. 사냥꾼의 발자국이 희미하게 남긴 오솔길에서 시작하여, 대상들의 땀방울이 스민 비단길과 차마고도(茶馬古道), 대제국의 패권을 상징하는 견고한 로마 가도, 그리고 거친 대양을 가로지른 범선의 항로까지, 길은 언제나 문명을 소통하게 하는 동맥이자 변화를 이끄는 결정적인 촉매였습니다.

우리는 길 위에서 문명을 번성시켰고, 서로 다른 문화는 충돌하고 융합하며 새로운 가치를 만들어냈습니다. 인류는 그렇게 끊임없이 새로운 가능성을 탐색하며 자신의 지평을 확장해 왔습니다. 1부에서는 인류가 어떻게 길을 통해 세상을 연결하고 자신의 운명을 바꾸어 왔는지, 그 장엄한 서사를 시작하고자 합니다. 특히, 동양 문명의 불꽃이 길을 타고 어떻게 서쪽으로 옮겨갔는지, 그리고 그 길이 인류에게 선사한 집단 지성의 힘이 어떻게 오늘날의 세계를 빚어냈는지에 대한 거시적인 고찰을 담았습니다.

제1장 대지 위의 첫 발자국과 문명의 서진(西進)

 길은 인류가 처음으로 대지 위에 발을 내디딘 그 찰나의 순간부터 삶의 가장 필수적인 요소였습니다. 초기 인류가 생존을 위해 사냥감을 쫓아 숲을 헤치고, 갈증을 해소하기 위해 물을 찾아 강을 건너며 자연스럽게 생겨난 이 오솔길들은 시간이 흐름에 따라 점차 정교해지고 확장되었습니다.

 인간은 본질적으로 '호모 비아토르(Homo Viator)', 즉 길 위를 걷는 존재입니다. 인간은 멈춰 있는 것에 만족하지 못하고 끊임없이 지평선 너머를 갈망합니다. 이 갈망이 대지 위에 선을 그었고, 그 선들이 모여 오늘의 지도를 완성했습니다. 하지만 이 지도 위에는 보이지 않는 거대한 흐름이 하나 존재합니다. 바로 문명의 '서진(西進)'입니다.

 중국과 인도로 대표되는 동양의 찬란한 지혜와 기술은 길을 따라 서쪽으로 끊임없이 흘러갔습니다. 척박한 고원을 넘는 마방(馬幫)의 종소리와 끝없는 사막을 가로지르는 낙타의 발걸음은 단순히 물자만을 운반한 것이 아니었습니다. 그것은 종이와 화약, 나침반이라는 문명의 열쇠를 서구에 건네주는 교역과 소통의 행진이었습니다.

제1장에서는 인류 역사의 장구한 흐름을 관통하는 결정적인 육로들을 탐험합니다. 험준한 산맥을 넘은 생존의 길부터 제국의 통치를 위한 공학적 길, 그리고 중동의 지혜를 유럽으로 실어 나른 지식의 길까지, 이 위대한 통로들이 어떻게 동양의 헤게모니를 서양으로 전이시켰는지 인문학적 관점에서 깊이 있게 조명해 보고자 합니다. 이 오래된 길들의 서사는 우리가 앞으로 마주할 북극항로라는 새로운 길을 어떤 시선으로 바라봐야 할지 소중한 가르침을 줄 것입니다.

길이 문명을 탄생시키고 연결하는 방식은 매우 다양하고도 역동적이었습니다. 생산물이 축적되고 잉여 수확물이 발생함에 따라, 이를 안전하게 운반하고 다른 부족이나 공동체와 나누기 위한 통로의 확보는 단순히 편리함을 넘어 생존과 번영을 위한 필수적인 과제가 되었습니다.

이러한 필요성에 의해 폭발적으로 증가한 길들은 단순한 물류 이동 경로를 넘어섰습니다. 이는 새로운 정보와 앞선 기술, 그리고 인간의 영혼을 담은 숭고한 사상과 종교적 신념이 교환되는 인류 문명의 거대한 신경계가 되었습니다. 비옥한 큰 강줄기를 따라 형성된 길은 문명의 요람이 되었고, 험준한 산맥을 가로지르는 길은 고립되어 있던 작은 공동체들을 비로소 광활한 외부 세계와 연결해 주는 유일한 생명선이 되었습니다. 이제 우리는 이 길들이 구체적으로 어떻게 역사의 물줄기를 바꾸었는지 그 세부적인 여정을 따라가 보려 합니다.

| 1-1절　비단길을 통한 동서양의 문명 융합 |

인류 역사상 가장 장엄하고도 낭만적인 길을 하나만 꼽으라면, 많은 이들이 주저 없이 비단길(Silk Road)을 선택할 것입니다. 기원전 2세기부터 15세기까지 약 1,700년이라는 긴 시간 동안 유라시아 대륙의 동과 서를 잇던 이 거대한 혈관은 단순히 물자가 오가는 상업로에 머물지 않았습니다. 그것은 문명과 문명이 처음으로 서로의 존재를 깊이 있게 응시하고, 그 다름을 융합하여 인류사의 새로운 지평을 열었던 거대한 지적 용광로였습니다.

우리는 이 길을 통해 동양의 찬란한 지혜와 기술이 어떻게 서쪽으로 이동했는지 그리고 그 과정에서 인류의 헤게모니가 어떻게 이동하기 시작했는지를 추적해야 합니다. 비단길은 단순히 비단을 실어 나른 길만이 아니라 동양의 과학기술적, 정신적 문명을 서구에 수혈하여 훗날 대항해 시대를 여는 지적 자양분을 제공한 문명의 도화선이었습니다.

장건의 집념이 일구어 낸 서역 개척의 역사

비단길의 공식적인 문을 연 인물은 한나라 무제(武帝)의 밀명을 받았던 장건(張騫)입니다. 당시 한나라는 북방의 강력한 유목 민족인 흉노족의 끊임없는 위협 앞에 풍전등화와 같은 처지였습니다. 무제는 흉노를 견제하기 위해 서쪽 멀리 있는 대월지국(大月氏國)과 동맹을 맺고자 했고 이 불가능해 보이는 임무에 장건이 자원했습니다.

기원전 139년, 장건은 100여 명의 수행원과 함께 미지의 땅으로 발을 내디뎠습니다. 하지만 여정은 시작부터 재앙에 가까웠습니다. 출발한 지 얼마 되지 않아 흉노군에게 포로로 잡힌 것입니다. 그는 무려 10년이 넘는 세월 동안 흉노의 땅에 억류되었습니다. 그곳에서 아내를 얻고 자식까지 두었지만 장건의 가슴속에는 황제의 부절(符節, 사신의 신표)이 한순간도 떠나지 않았습니다.

탈출에 성공한 장건은 끝내 대월지국에 도착했으나 이미 평화를 찾은 그들은 한나라와 손을 잡을 의사가 없었습니다. 외교적 성과 없이 빈손으로 돌아오는 길에 그는 또다시 흉노에게 붙잡히는 시련을 겪습니다. 그렇게 총 13년이라는 세월이 흐른 뒤 장건이 장안으로 돌아왔을 때, 그의 곁에는 단 한 명의 수행원만이 남아 있었습니다.

비록 군사 동맹이라는 일차적 목표는 달성하지 못했지만, 장건이 가져온 서역의 정보는 중국인들의 세계관을 완전히 뒤바꿔 놓았습니다. 한혈마(汗血馬)라 불리는 명마와 포도, 석류, 깨와 같은 신비로운 작물들 그리고 무엇보다 '서쪽에 또 다른 문명이 존재한다'는 사실은 비단길이라는 인류 최대의 네트워크를 여는 결정적인 신호탄이 되었습니다.

이때부터 동양의 지혜는 본격적으로 서쪽을 향해 흐르기 시작했습니다. 장건이 닦은 길을 통해 중국의 비단은 로마 귀족들의 선망이 되었고, 이는 단순히 상업적 이익을 넘어 동양의 생산력과 기술 우위가 서방에 각인되는 계기가 되었습니다. 문명은 언제나 높은 곳에서 낮은 곳으로 흐르며 비단길은 그 흐름을 주도하는 거대한 수로였습니다.

대륙의 길에서 바다의 길로 이끈 마르코 폴로의 기록

장건이 비단길의 기초를 닦았다면, 그 길의 가치를 유럽 사회에 결정적으로 각인 시키고 훗날 바다의 길을 여는데 영감을 준 인물은 13세기 베네치아의 상인 마르코 폴로(Marco Polo)였습니다. 그는 17세의 어린 나이에 아버지와 숙부를 따라 비단길을 가로질러 원나라에 도착했습니다. 무려 24년 동안 쿠빌라이 칸의 총애를 받으며 제국 곳곳을 누빈 그는, 훗날 포로 수용소에서 만난 작가 루스티켈로에게 자신의 경험을 구술했습니다. 이것이 바로 인류의 상상력을 자극했던 불멸의 기록, 동방견문록(The Travels of Marco Polo)입니다.

당시 유럽인들에게 마르코 폴로의 이야기는 터무니없는 허풍처럼 들렸습니다. 금 칠한 궁전, 종이 화폐의 통용, 검은 돌(석탄)이 타오르는 풍경은 중세 유럽의 상식을 완전히 뛰어넘는 것이었습니다. 하지만 그의 기록은 잠자고 있던 유럽인들의 호기심과 탐욕을 일깨웠습니다. 특히 지도가 상상의 산물이었던 시절, 그의 구체적인 지명 묘사는 훗날 콜럼버스를 비롯한 탐험가들에게 무한한 영감을 주었습니다.

콜럼버스는 마르코 폴로가 묘사한 황금의 땅 '지팡구(일본)'를 찾기 위해 대서양으로 나아갔습니다. 역설적이게도 육로인 비단길의 끝을 향한 서구의 갈망이 미지의 바다를 향한 도약으로 이어졌고, 이것이 인류사를 다시 쓴 대항해 시대의 문을 연 것입니다. 길은 이처럼 다른 길을 부르고, 그 길은 다시 세계의 경계를 허무는 법입니다. 마르코 폴로의 발자국은 문명과 패권의 관점에서 보면 육로의 시대가 저물고

 ● 얼음의 눈물, 황금의 항로

해로의 시대를 통해 도래한 서구 헤게모니의 전조였습니다.

종교와 예술이 융합된 간다라 미술의 탄생

비단길을 통해 흐른 것은 비단이나 후추 같은 물질만이 아니었습니다. 그 길 위에는 인간의 숭고한 정신의 산물인 종교와 예술이 함께 흘렀습니다. 특히 인도의 불교가 비단길의 오아시스 도시들을 거치며 중앙아시아와 중국을 지나 한반도와 일본에 이르는 과정은 문명 융합의 결정판이었습니다.

이 전파 과정에서 일어난 문화적 충돌과 융합은 인류 예술사에 빛나는 보석을 선사했습니다. 바로 간다라 미술(Gandhara Art)입니다. 알렉산드로스 대왕의 동방 원정 이후 중앙아시아에는 그리스 문화의 잔영이 짙게 남아 있었습니다. 본래 불교에서는 부처를 인간의 형상으로 조각하지 않았으나, 그리스 조각 예술의 영향을 받은 장인들은 부처를 인간의 모습으로 형상화하기 시작했습니다.

곱슬거리는 머리카락과 깊은 눈매, 그리고 그리스 로마의 토가(Toga)를 연상시키는 정교한 옷 주름을 가진 불상은 동양의 신비주의와 서양의 사실주의가 결합한 결실이었습니다. 이는 길 위에서 서로 다른 신념이 만나 서로를 닮아가며 새로운 가치를 창조할 수 있음을 보여주는 아름다운 증거입니다.

이처럼 비단길은 단순히 물건을 사고파는 장소가 아니라, 인간이 타자를 이해하고 자신의 영혼을 확장하는 거대한 문명의 신경계였습니다. 간다라 미술은 길 위에서 꽃핀 인류의 집단 지성이 특정 지역에 머물지 않고 끊임없이 이동하며 변용되고 발전했음을 시사합니다. 우리는 이 예술적 항적을 통해, 훗날 우리가 북극에서 추구해야 할 상생의 인문학에 대한 소중한 단초를 발견하게 됩니다.

구름 위를 걷는 차마고도(茶馬古道)

비단길이 제국의 기획과 거대 자본, 그리고 국가적 사명이 빚어낸 동맥이었다면, 차마고도는 이름 없는 민초들의 처절한 생존 본능이 해발 4,000m 고산 지대의 깎아지른 절벽 위에 새긴 눈물과 사투의 모세혈관입니다. 중국 서남부의 운남성과 사천성에서 출발하여 티베트의 험준한 산맥을 지나 인도와 네팔에 이르기까지, 인류 역사상 가장 높고 험난한 이 교역로는 문명의 전파가 결코 안락한 평지에서만 이루어지지 않았음을 증명합니다.

이 길의 실질적인 주인은 마방(馬幇)이라 불리는 상인 조직이었습니다. 그들에게 길은 선택이 아닌 운명이었으며,

한 걸음 걸음은 곧 삶과 죽음이 교차하는 경계였습니다. 산소조차 희박한 횡단산맥(橫斷山脉)과 매리설산(梅里雪山)의 살을 에듯 차가운 칼바람을 뚫고, 그들은 수백 킬로그램의 차(茶)를 실은 말을 끌며 하루에 고작 몇 킬로미터씩 그러나 끊임없이 전진했습니다.

차마고도의 서사는 우리가 이 책의 후반부에서 마주할 북극의 혹독한 환경과 깊은 공명을 이룹니다. 영하의 추위와 낮은 기압, 그리고 외부 세계로부터의 완벽한 고립이라는 물리적 한계를 오직 정신력과 집단적 유대로 극복해낸 이들의 발자취는, 인간이 문명의 교류를 위해서라면 지구상의 그 어떤 가혹한 환경도 '길'로 바꿀 수 있음을 보여주는 위대한 역사적 사례입니다. 과거 마방들이 벼랑 끝에서 물길이 아닌 얼음길과 눈길을 열어 생존을 도모했듯, 오늘날의 인류는 기후 위기가 열어준 북극의 틈새에서 새로운 생존의 항로를 찾고 있는 듯합니다.

차마고도는 단순히 물자를 사고파는 시장을 넘어, 정신과 생명이 교차하는 장소였습니다. 대륙의 차는 고원 사람들에게 생명수가 되었고, 티베트의 말은 제국을 수호하는 방패가 되었습니다. 비단길과 차마고도는 초원과 사막과 고원을 연결한 교류의 통로였으며, 이 두 줄기의 맥박이 합쳐짐으로써 동양의 지혜는 비로소 입체적인 완성을 이루어 서쪽을 향해 나아갈 수 있었습니다.

문명을 적신 욕망의 엔진 – 비단, 차, 그리고 소금

길이 열리고 문명이 교차할 때, 그 흐름을 추동한 것은 인간의 원초적인 욕망이 빚어낸 물품들이었습니다. 특히 중국의 비단은 고대 서구인들에게 단순한 옷감이 아닌 신의 옷자락과 같은 경외의 대상이었습니다. 로마의 귀족들은 비단이 가진 신비로운 광택에 중독되었습니다. 비단 옷을 입지 않은 여인은 고귀한 신분을 인정받지 못할 정도였으며, 이 매혹적인 천을 사들이기 위해 로마의 은(銀)이 동방으로 대량 유출되자 로마 의회에서는 국가 경제를 지키기 위해 비단 착용 금지령을 진지하게 논의하기도 했습니다.

차(茶) 또한 문명의 결을 바꾸어 놓았습니다. 처음에는 수행자의 졸음을 쫓는 약용으로 쓰였으나 점차 풍류의 상징으로 자리 잡은 차는 전 세계로 퍼져 나가며 인류의 식생활뿐만 아니라 철학적 사유의 방식까지 바꾸어 놓았습니다. 뜨거운 차와 찻잔 속에서 피어오르는 김을 음미하며 생각과 토론의 깊이를 더했을 법합니다. 여기에 삶의 필수품인 소금의 이동은 길의 전략적 가치를 더욱 높이기도 했습니다.

이러한 상품들을 향한 끊임없는 갈망은 결국 문명의 중심을 동쪽에서 서쪽으로 끊임없이 밀어내는 동력이 되었습니다. 흥미로운 점은, 과거 비단과 향신료를 차지하기 위해 목숨을 걸고 길을 열었던 인류의 욕망이 오늘날 북극해 아래 잠든 거대한 천연가스와 희토류를 향한 갈망으로 치환되어 반복되고 있다는 사실입니다. 2,000년 전 비단길 위를 흐르던 물자들은 이제 북극항로를 가로지르는 에너지 자원의 흐름으로 이어지며 인류가 길을 포기할 수 없게 만드는 욕망의 엔진이 여전히 작동하고 있음을 보여줍니다.

기술의 서진(西進)과 헤게모니 역전의 전조

비단길과 차마고도가 인류 역사에 남긴 가장 거대한 유산은 바로 동양 기술의 서구 전이입니다. 인류 문명의 획기적인 도약을 가져온 이른바 3대 발명품으로 일컬어지는 종이, 화약 그리고 나침반은 모두 이 위대한 통로들을 타고 서쪽으로 흘러갔습니다.

751년, 탈라스 전투를 통해 제지술이 이슬람 세계로 넘어갔을 때, 그것은 지식 독점의 종말을 의미했습니다. 가볍고 저렴한 종이는 바그다드를 거쳐 유럽에 도달했고 이는 훗날 지식 혁명의 시발점이 되었습니다. 또한 동양의 축제용 폭죽이었던 화약이 길을 따라 전달되자 유럽의 봉건 성벽은 무너졌고, 별의 위치를 읽어 길을 찾던 동양의 나침반 기술은 인류가 대양으로 나갈 수 있는 기술적 눈을 제공했습니다.

문명사적 관점에서 볼 때, 13세기까지 동양은 기술과 자본의 압도적인 공급처였으며, 서양은 그 찬란한 강물에서 지혜를 길어 올리는 학습자였습니다. 하지만 이 강력한 도구들을 서구가 비판적으로 수용하고 체계화하기 시작하면서, 천년 넘게 유지되어 온 동양 우위의 헤게모니는 서서히 균열을 일으킵니다. 이 기술적 전이는 오늘날 북극항로를 개척하기 위해 동원되는 원자력 쇄빙선과 인공지능 자율 항해 기술의 먼 조상이기도 합니다. 동양에서 발원한 나침반의 바늘이 서구의 대항해 시대를 열었듯, 이제 그 지적 유산은 다시 북극의 만년빙을 뚫어내는 현대의 첨단 기술로 회귀하여 인류 문명의 새로운 지도를 그리고 있습니다.

호모 비아토르의 본능과 새로운 길의 예고

결국 비단길과 차마고도는 우리에게 연결이 곧 문명의 생존이자 진화임을 가르쳐주었습니다. 인간은 본질적으로 안주하기보다 나아가려는 존재인 호모 비아토르(Homo Viator)입니다. 2,000년 전 사막의 모래폭풍을 뚫고 구름

위의 절벽을 넘던 그들의 뜨거운 심장 소리는 오늘날 우리가 얼어붙은 북극해를 바라보며 새로운 지름길을 열망하는 욕망과 본질적으로 같습니다.

우리가 과거의 길들을 복기하는 이유는 명확합니다. 북극항로는 결코 갑자기 하늘에서 떨어진 길이 아니기 때문입니다. 그것은 차마고도에서 시작되어 비단길을 거쳐 대양으로 뻗어 나간 인류의 집요한 개척 본능이 도달한 마지막 정점입니다. 과거의 육로가 동양의 지혜를 서양으로 옮겨 근대 문명의 불꽃을 지폈다면, 이제 우리가 마주한 북극의 길은 인류세(Anthropocene, 인간의 활동이 지구 기후와 생태계를 변화시키는 지질학적 시대)의 위기를 기회로 바꾸어야 할 새로운 성찰의 과제를 던지고 있습니다.

동양의 지혜를 서양으로 옮겼던 위대한 육로의 시대는 이제 제국의 질서를 세우고 효율의 극치를 보여준 또 다른 길, 로마 가도의 이야기로 이어집니다. 길을 교환의 마당으로 사용했던 동양과는 달리, 길을 지배와 통치의 시스템으로 완성한 로마의 역사는 우리에게 북극항로를 자국의 내해(Internal Waters)처럼 통제하려는 현대 강대국들의 지정학적 야심을 이해하는 중요한 열쇠를 제공할 것입니다. 우리는 이제 로마 가도라는 견고한 혈관을 통해, 문명의 서진이 어떻게 제국의 완성으로 이어졌는지 확인해보고자 합니다.

| 1-2절　제국의 견고한 혈관, 로마 가도 |

우리는 앞서 비단길과 차마고도를 통해 인류가 어떻게 지리적 한계를 유연하게 넘어서며 서로를 마주했는지 살펴보았습니다. 동양의 길들이 대지의 굴곡을 존중하고 험준한 산맥의 흐름에 몸을 맡긴 순응의 길이었다면, 이제 우리가 살펴볼 로마 가도(Roman Roads)는 인간의 이성과 공학 기술이 자연을 변형하며 일구어 낸 정복의 길입니다. "모든 길은 로마로 통한다(All roads lead to Rome)"는 명언은 결코 문학적 수사가 아닙니다. 그것은 지중해를 우리의 바다(Mare Nostrum)라 불렀던 거대 제국 로마가 광활한 영토를 길이라는 신경망으로 완벽히 통제했음을 증명하는 물리적 실체이자 통치 철학의 정수였습니다.

자연을 굴복시킨 직선의 철학

로마인들에게 길은 단순히 목적지에 도달하기 위한 수단이 아니었습니다. 그들에게 길은 곧 영토였고, 질서였으며,

문명 그 자체였습니다. 비단길의 대상들이 모래 언덕의 변화에 따라 발걸음을 옮길 때, 로마의 공학자들은 산을 깎고 계곡을 가로지르며 대지 위에 자를 대고 그은 듯한 직선의 궤적을 새겼습니다.

이러한 직선에 대한 집착은 인문학적으로 볼 때 매우 중대한 의미를 지닙니다. 자연 지형을 우회하지 않고 직선으로 돌파한다는 것은, 인간의 의지가 자연의 물리적 제약보다 우위에 있음을 선언하는 행위입니다. 로마 가도의 가장 상징적인 길인 아피아 가도(Via Appia)를 걸어보면, 수천 년 전 로마인들이 가졌던 그 서슬 퍼런 공학적 자부심을 느낄 수 있습니다.

이 직선의 철학은 현대 북극항로를 바라보는 강대국들의 시선과 소름 돋을 정도로 닮아 있습니다. 과거 로마가 가도를 통해 물리적 거리를 압축하고 제국의 통제력을 투사했듯이, 오늘날 러시아와 같은 북극 연안국들은 얼어붙은 바다 위에 북동항로라는 보이지 않는 직선의 고속도로를 설계하고 있습니다. 자연이 허락하지 않은 공간에 인위적인 질서를 부여하여 자국의 영향력을 확장하려는 이 집요한 본능은 2,000년 전 로마의 돌길 위에 새겨진 유전자가 현대의 디지털 항로로 전이된 결과라 할 수 있습니다.

영원불멸을 꿈꾼 층상 구조의 테크네

　로마 가도가 인류 역사상 가장 견고한 혈관으로 남을 수 있었던 비결은 눈에 보이는 표면이 아니라, 대지 깊숙이 파고든 정교한 층상 구조에 있었습니다. 로마인들은 길을 만드는 데 있어 결코 타협하지 않았습니다. 그들에게 길은 임시방편의 통로가 아니라, 수백 년의 세월을 견뎌야 하는 거대한 건축물이었습니다.

　그들의 공법은 현대의 도로 공학적 관점에서도 경이로운 수준입니다. 로마의 기술자들은 먼저 길을 낼 자리를 깊게 파낸 뒤, 네 단계의 층을 쌓아 올렸습니다. 먼저 깊게 땅을 파고 큰 돌을 깔아 기초를 다진 뒤, 그 위에 작은 돌과 자갈, 그리고 로마인들의 혁신적 발명품인 화산재 콘크리트를 섞어 넣어 중간층을 만든 다음 고운 모래와 벽돌 가루로 완충지대를 형성했습니다. 마지막 표면은 매끄럽게 다듬은 커다란 다각형 돌을 빈틈없이 맞물려 덮었습니다.

　특히 도로의 중앙부를 약간 높게 설계하여 빗물이 양옆 배수로로 자연스럽게 흐르게 한 카멜링 공법은 로마인들이 기후와 자연법칙을 얼마나 깊이 이해하고 있었는지를 보여줍니다. 2,300여 년이 지난 오늘날에도 그 원형이 남아 자동차가 달릴 수 있을 정도의 견고함은 로마 가도가 인류 문명에 남긴 위대한 공학적 유산입니다. 이러한 공학적 집념 덕분에 로마 가도는 군단의 육중한 발걸음과 거대한 마차의 하중을 견뎌내며 전 유럽과 북아프리카를 하나로 묶었습니다.

통치의 혈맥, 길은 어떻게 주권이 되었는가?

로마 가도의 건설 목적은 일차적으로 군사적 효율성에 있었습니다. 로마 제국의 국경선은 수천 킬로미터에 달했고, 곳곳에서 발생하는 반란이나 이민족의 침입에 신속히 대응하는 것이 제국의 존립을 결정지었습니다. 이 잘 닦인 가도를 통해 로마의 군단병들은 하루에 30~40km를 거뜬히 행군했습니다. 이는 당시로서는 상상할 수 없는 기동력의 혁명이었습니다.

하지만 길의 진정한 위력은 군대가 지나간 뒤에 나타났습니다. 로마는 길을 따라 일정 간격마다 역참과 숙소를 설치하고, 황제의 명령을 전달하는 국가 우편 제도인 쿠르수스 푸블리쿠스(Cursus Publicus)를 운영했습니다. 정보가 길을 따라 흐르기 시작하자 거대한 제국은 비로소 하나의 생명체처럼 반응하기 시작했습니다.

이는 오늘날 북극항로를 둘러싼 주권 분쟁을 이해하는 중요한 열쇠를 제공합니다. 로마가 가도를 통제함으로써 정복지의 법과 질서를 유지했듯이, 현대의 강대국들은 북극의 물길을 자국의 내해로 규정하고 관리함으로써 항로 통제권을 주권의 핵심으로 삼으려 합니다. 러시아가 북동항로 통과 선박에 쇄빙선 호송을 강제하고 고액의 수수료를 징수하는 행위는 2,000년 전 로마 가도의 통행권을 장악하여 제국의 권위를 세웠던 역사의 현대판 변주입니다. 길을 지배하는 자가 곧 그 공간의 주인이 된다는 냉정한 지정학적 원칙은 로마의 돌길에서 시작되어 북극의 얼음 바다로 이어지고 있습니다.

라틴어와 로마법이 흐른 표준의 길

로마 가도가 건설한 것은 물리적 도로만이 아니었습니다. 그것은 로마라는 브랜드와 정체성을 수출하는 거대한 컨베이어 벨트였습니다. 길을 따라 로마의 군대와 상인이 이동할 때, 그들의 주머니 속에는 제국의 공용어인 라틴어와 통치 원칙인 로마법이 함께 실려 있었습니다.

로마인들은 정복지에 길을 내면서 그곳의 주민들이 로마의 시스템에 적응하도록 유도했습니다. 가도를 통해 파견된 행정관들은 로마법에 따라 판결을 내렸고, 길을 따라 세워진 이정표들은 제국의 거리를 라틴어로 선포했습니다. 이 과정에서 이질적인 문화권들은 점차 로마 양식(Roman Way)이라는 공통의 문법 아래 동기화되었습니다. 오늘날 유럽의 많은 언어와 법체계가 로마에 뿌리를 두고 있는 것은 2,000년 전 닦인 길들이 지식과 표준의 역할을 수행했기 때문입니다.

이러한 표준의 확산은 우리가 북극항로 시대에 주목해야 할 핵심적인 대목입니다. 과거 로마가 길을 통해 법과 언어의 표준을 정착시켰듯이, 현대의 북극 개척자들은 극지 항해의 안전 규정(Polar Code)과 기술적 표준을 선점하고 있습니다. 길 자체를 만드는 것보다 그 길 위에서 통용되는 규칙을 제정하는 자가 진정한 주도권을 쥔다는 사실을 로마의 역사는 증명하고 있습니다. 한국이 북극항로의 선두 주자가 되기 위해서는 쇄빙선을 만드는 하드웨어를 넘어, 항해 지능과 안전 표준이라는 소프트웨어의 길을 로마인들처럼 견고하게 닦아야 합니다.

로마 가도를 타고 흐른 기독교

길은 인간의 영혼과 신념을 운반하는 강력한 매개체이기도 합니다. 로마 제국이 자신들의 통치를 위해 닦아놓은 그 견고한 가도 위로, 아이러니하게도 제국의 근간을 뒤흔들 새로운 종교인 기독교가 흘러갔습니다. 사도 바울을 비롯한 초기 전도사들이 지중해 전역으로 복음을 전파할 수 있었던 것은 순전히 로마가 닦아놓은 치밀한 도로망 덕분이었습니다.

박해를 피해 도망치던 신자들도, 복음을 전하러 떠나던 선교사들도 모두 제국의 가도를 이용했습니다. 길이 없었다면 기독교는 팔레스타인 지방의 작은 분파로 남았을지 모르지만, 로마의 길은 이를 전 지구적 종교로 확산시키는 혈관이 되었습니다. 이는 길의 비의도적 결과를 보여주는 흥미로운 대목이기도 합니다. 제국은 통제를 위해 길을 냈으나, 그 길은 제국이 통제할 수 없는 사상의 자유와 신념의 변화를 실어 나른 것입니다.

북극항로 역시 마찬가지입니다. 강대국들은 자원과 패권을 위해 이 길을 열고 있지만, 이 길을 타고 흐르는 것은 석유와 가스만이 아닐 것입니다. 기후 위기에 대한 인류 공동의 성찰, 생태적(Ecological) 보존을 향한 지구촌의 연대, 그리고 국경을 초월한 과학적 협력의 메시지들이 이 차가운 바닷길을 타고 전파될 것입니다. 로마 가도가 기독교라는 인류 사적 가치를 운반했듯, 북극항로는 인류세(Anthropocene)를 살아가는 우리가 마주해야 할 상생의 철학을 실어 나르는 성찰의 항로가 되어야 합니다.

길의 철학, 연결이 곧 문명의 운명이다

로마 가도의 역사가 우리에게 남긴 최종적인 교훈은 연결이 곧 문명의 생존이자 번영이라는 사실입니다. 로마는 정복한 땅을 단순히 수탈의 대상으로만 보지 않고, 길을 내어 자신들의 문명 안으로 끌어들였습니다. 연결되지 않은 문명은 고여서 썩지만, 연결된 문명은 서로의 지혜를 빌려 진화합니다. 로마인들이 대지 위에 그린 8만 킬로미터의 간선도로는 인류가 물리적 한계를 지성으로 극복하려 했던 웅장한 지도였습니다.

이제 우리는 로마의 돌길에서 얻은 공학적 집념과 통치의 지혜를 품고, 지구의 가장 윗동네인 북극으로 시선을 돌립니다. 로마인들이 지상의 장애물을 직선으로 돌파하여 시공간을 정복하려 했듯이, 우리는 이제 얼어붙은 바다를 뚫어 아시아와 유럽을 더 가깝게 잇는 새로운 문명의 맥박을 창조하려 합니다.

"모든 길은 로마로 통한다"던 제국의 당당한 선언은 이제 "미래의 길은 북극으로 통한다"는 21세기의 화두로 이어지고 있습니다. 로마의 길 위에서 법과 신념이 흘렀듯, 북극의 항로 위에서는 지속 가능한 미래를 향한 새로운 상생의 문법이 흘러야 합니다. 우리는 이제 이 견고한 육로의 시대를 지나, 정보와 기술이 빛의 속도로 흐르며 문명의 체급을 바꾼 또 다른 결정적인 순간, '정보의 신경망'에 대한 이야기로 넘어가 보고자 합니다.

1-3절 정보와 기술이 흐르는 문명의 신경계

우리는 앞서 비단길과 차마고도, 그리고 로마 가도를 통해 인류가 어떻게 지리적 한계를 극복하고 물리적 연결을 완성했는지 살펴보았습니다. 하지만 길이 인류에게 선사한 가장 위대한 선물은 비단 주머니 속에 든 보석이나 마차에 실린 향료가 아니었습니다. 길의 진정한 가치는 그 통로를 타고 빛의 속도로(당시의 기준에서) 흐른 보이지 않는 것들, 즉 정보와 기술, 그리고 사유의 전파에 있었습니다.

인문학적 관점에서 성찰해보면 길은 문명이라는 거대한 유기체를 움직이게 하고 진화하게 만드는 지구라는 행성의 신경계이기 때문입니다. 이 신경계를 타고 동양의 지혜는 끊임없이 서쪽으로 흘러갔습니다. 문명의 헤게모니가 이동하는 과정에서 정보의 전이는 단순한 복제가 아니라, 수용하는 쪽의 체질을 근본적으로 바꾸어 놓는 문명적 수혈의 과정이었습니다. 오늘날 우리가 북극해의 차가운 바닥에 해저 광케이블을 깔아 전 지구적 디지털 신경계를 구축하려는 열망은 사실 1,000년 전 대륙의 길 위에서 종이와 숫자가 흐르기를 갈망했던 인류의 지적 본능이 현대적으로 계승된 당연한 결과입니다.

탈라스 전투의 역설

길이 기술을 운반할 때, 때로는 평화로운 상인의 낙타 발걸음보다 격렬한 전쟁의 불꽃이 더 강력한 추진력이 되기도 합니다. 그 대표적인 사건이 751년, 중앙아시아의 탈라스 강변에서 벌어진 전투(Battle of Talas)입니다. 당나라의 고구려계 장군 고선지와 이슬람 아바스 왕조의 군대가 충돌한 이 전쟁은 단순히 영토 분쟁을 넘어, 인류 지성사에 획기적인 전환점을 가져온 기술의 이정표가 되었습니다.

전쟁에서 패한 당나라 군대 중에는 종이를 만드는 고도의 기술을 가진 제지공들이 포함되어 있었습니다. 이들이 포로로 잡혀 사마르칸트로 압송되면서, 중국 제국이 수백 년간 국가 기밀로 지켜온 제지술이 이슬람 세계로 유출되었습니다. 이전까지 서구의 인류는 무거운 점토판이나 죽간, 혹은 제작 공정이 까다롭고 비싼 양피지와 파피루스에 의지해 지식을 기록했습니다. 하지만 가볍고 질기며 대량 생산이 가능한 종이가 비단길이라는 신경망을 타고 바그다드를 거쳐 유럽으로 스며들자 인류 지식의 풍경은 완전히 바뀌었습니다.

이 사건은 인류의 문명사에서 지식의 민주화를 알리는 서막이었습니다. 종이는 지식의 저장과 복제를 용이하게 했고, 학문은 더 이상 소수 귀족이나 승려의 전유물이 아니게 되었습니다. 만약 이 기술이 탈라스라는 길목에서 서방으로 흐르지 않았다면, 훗날 유럽의 르네상스를 가능케 했던 인쇄술의 혁명도 그 토대를 찾지 못했을 것입니다. 이는 오늘날 북극항로가 선박의 통로를 넘어 초고속 데이터가 흐르는 디지털 실크로드로 주목받는 이유와 일맥상통합니다. 과거의 종이가 정보의 예속을 끊었듯, 북극 해저의 광케이블은 인류를 실시간 지능 공동체로 묶는 물리적 거리를 더욱 단축시켜 줄 것입니다.

바그다드의 지혜의 집

동양에서 발원한 정보의 물줄기가 서쪽으로 흘러갈 때, 이를 거대한 지식의 바다로 정제하여 다시 전 세계로 뿜어낸 허브가 있었습니다. 8세기 무렵 바그다드에 세워진 '지혜의 집(Bayt al-Hikma)'입니다. 이슬람 황금시대를 상징하는 이 도서관이자 연구소는 당시 인류가 보유한 모든 지적 자산이 모여드는 문명의 서버였습니다.

중동의 학자들은 비단길을 타고 들어온 중국의 기술과 인도의 수학, 그리고 로마 가도에 남아있던 그리스의 철학을 이곳으로 소환했습니다. 그들은 고대 그리스의 아리스토텔레스와 플라톤을 아랍어로 번역하여 보존했고, 인도의 0(Zero)의 개념과 십진법을 받아들여 현대 수학의 근간인 대수학(Algebra)을 정립했습니다. 오늘날 우리가 사용하는 알고리즘이라는 용어가 당시의 학자 알 콰리즈미의 이름에서 유래했다는 사실은, 길 위에서 교차한 정보가 얼마나 강력한 문명의 운영 체제를 구축했는지 증명합니다.

문명사적 관점에서 볼 때, 바그다드의 지혜는 다시 지중해의 물길과 유럽의 가도를 타고 서구로 전이되었습니다. 십자군 전쟁이라는 비극적인 충돌조차도 아이러니하게는 중동의 진보된 천문학, 의학, 항해술이 유럽으로 수혈되는 정보 항로의 역할을 수행했습니다. 이 지적 전이가 없었다면 유럽은 암흑시대의 늪에서 훨씬 더 오래 머물렀을 것입니다.

우리는 이 역사적 장면에서 북극항로의 미래적 가치를 읽어내야 합니다. 과거 지혜의 집이 서로 다른 문명의 데이터를 융합해 새로운 시대를 열었듯이, 미래의 북극은 낮은 수온을 활용한 거대 데이터 센터들의 요새가 될 것입니다. 인류의 모든 디지털 기록이 차가운 북극해 아래에서 냉각되고, 정보 항로를 통해 실시간으로 아시아와 유럽을 잇는 풍경은 1,200년 전 바그다드의 학자들이 꿈꾸었던 범지구적 지식 공유의 완결판이라 할 수 있습니다. 정보는 언제나 가장 효율적인 길을 찾아 흐르며, 그 흐름이 닿는 곳에서 새로운 문명의 헤게모니가 탄생하기 때문입니다.

화약과 나침반, 문명의 물리적 장벽을 허문 동양의 선물

종이가 지식의 장벽을 허물었다면, 비단길과 바닷길을 타고 서방으로 흘러간 화약과 나침반은 인류 문명의 물리적 경계와 공간 인식의 틀을 근본적으로 바꾸고 재편했습니다. 이 기술들은 단순히 새로운 도구의 등장을 넘어, 인류가 지구라는 행성을 장악하고 통제하는 방식을 완전히 바꾸어 놓았기 때문입니다.

동양에서 화약은 본래 신선이 되기를 꿈꿨던 도교 연금술사들의 우연한 발견이었으며, 오랫동안 축제의 밤을 밝히는 폭죽이나 주술적인 용도로 쓰였습니다. 하지만 이 잠자는 불꽃이 서쪽으로 전해져 유럽의 전쟁터에 도달했을 때, 그것은 중세 봉건 질서를 무너뜨리는 파멸의 굉음이 되었습니다. 견고한 성벽 안에서 기사도를 뽐내던 봉건 영주들은 대포라는 압도적인 테크네 앞에 무릎을 꿇었습니다. 기술이 길을 타고 전파되면서 물리적 무력이 재편되었고, 이는 중앙집권적 근대 국가가 탄생하는 정치적 배경이 되었습니다.

나침반의 전래는 더욱 드라마틱한 인식론적 도약을 가져왔습니다. 별자리와 직관에 의존하며 연안을 맴돌던 항해사들에게 나침반은 망망대해에서 길을 잃지 않을 자유를 선사했습니다. 자석의 바늘이 가리키는 북쪽은 인류가 미지의 바다로 나아갈 수 있는 기술적 확신의 이정표가 되었습니다. 이는 대항해 시대를 가능케 한 근본적인 동력이었으며, 파편화되어 있던 지구를 하나의 유기적인 네트워크로 묶는 출발점이 되었습니다.

우리는 이 지점에서 현대 북극항로를 개척하는 기술적 뿌리를 발견합니다. 얼음을 짓누르는 쇄빙선의 육중한 힘은 화약이 보여주었던 파괴적 공학의 진화된 형태이며, 인공지능이 계산하는 정교한 알고리즘 항로는 나침반의 바늘이 데이터라는 옷을 입고 부활한 결과입니다. 과거의 기술이 대륙의 끝을 연결했듯, 현대의 기술은 이제 지구의 정수리를 뚫어 문명의 새로운 통로를 조각하고 있는 것입니다.

기술의 서진(西進)과 헤게모니 역전의 결정적 순간

문명사적 관점에서 볼 때, 13세기까지 동양은 전 세계 기술과 자본의 압도적인 공급처였으며 서양은 그 찬란한 강물에서 지혜를 길어 올리는 학습하는 수혜자였습니다. 하지만 정보가 길을 따라 흐를 때 발생하는 가장 흥미로운 현상은 창조적 변용입니다. 동양에서 발원한 기술들은 서양으로 건너가는 동안 새로운 환경, 새로운 사유 체계와 충돌하며 전혀 다른 형태로 진화했습니다.

서구 문명은 동양의 발명품들을 단순히 복제하는 데 그치지 않고, 이를 체계적인 과학과 자본주의적 생산 시스템에 결합했습니다. 종이는 구텐베르크의 인쇄술과 만나 지식 혁명을 완성했고, 화약은 정교한 탄도학과 결합하여 전 지구적 지배의 도구가 되었으며, 나침반은 대양 항해술로 승화되어 세계 지도를 재편했습니다.

이것이 바로 저자가 주목하는 헤게모니 역전의 현장입니다. 기술의 씨앗은 동양에서 뿌려졌으나, 그 열매를 거둔 것은 길의 끝에서 기다리던 서구였습니다. 정보를 가장 효율적으로 정제하고 자기화(自己化, Internalization)한 문명이 결국 세계 질서의 주도권을 쥐게 된다는 이 냉혹한 교훈은, 수천 년 전 비단길의 낙타 방울 소리 속에 이미 예고되어 있었습니다. 동양의 지혜가 길을 타고 대륙의 서쪽 끝에 도달했을 때, 문명의 무게중심은 거부할 수 없는 관성으로 이동하기 시작했습니다.

북극 해저 광케이블과 디지털 실크로드

이제 인류는 21세기의 새로운 정보 신경계를 구축하기 위해 북극해로 시선을 돌리고 있습니다. 고대의 길이 낙타의 발등 위에서 종이를 실어 날랐고, 대항해 시대의 항로가 선박의 갑판 위에서 지도를 이동시켰다면, 이제 북극해의 깊은 심연에 새롭게 열리는 길은 비트(Bit)를 빛의 속도로 실어 나르는 무형의 고속도로입니다.

북극 해저 광케이블 프로젝트는 아시아와 유럽 사이의 데이터 전송 지연 시간을 획기적으로 단축하려는 문명적 압축 시도입니다. 지금까지 지구촌의 데이터는 주로 인도양과 수에즈 운하를 통과하는 남쪽 경로에 의존해 왔으나, 잦은 선박 사고와 지정학적 불안정성으로 인해 정보의 병목 현상을 겪어왔습니다. 인류는 이제 지구의 북쪽을 관통하는 북극 항로를 통해 이 신경계의 신속함과 복원력을 확보하려 합니다.

특히 북극의 차가운 바닷물은 방대한 열을 방출하는 거대 데이터 센터들을 식혀주는 천연의 냉각 시스템이 됩니다.

이는 기술이 자연을 정복하는 방식을 넘어, 자연의 극한을 기술의 자산으로 전환하는 성숙한 공학적 지혜의 실현입니다. 북극항로는 이제 선박이 지나가는 물길을 넘어, 전 지구적 지성이 실시간으로 공명하는 디지털 실크로드이자 문명의 통합 운영 체제(OS)가 되고 있습니다.

결국 지금까지의 탐험을 통해 우리가 확인하는 진실은 명확합니다. 길은 단순히 물자가 오가는 통로가 아니라, 인류가 공동의 문제를 해결하고 더 나은 미래를 설계하기 위해 지혜를 모았던 거대한 집단 지성의 전시장이었습니다. 신경계가 끊긴 신체가 마비되듯, 정보와 기술의 교류가 차단된 문명은 정체와 쇠퇴의 길을 걷습니다.

동양의 지혜를 서양으로 옮겨 근대 문명의 불꽃을 지폈던 과거의 정보 항로는, 이제 기후 변화 대응 기술과 인공지능 항해 데이터를 실어 나르며 인류의 새로운 생존 전략을 전파하는 현대의 신경계로 진화했습니다. 우리가 오늘날 북극항로 위에서 구현하려는 기술적 성취는 사실 1,200년 전 탈라스 강변에서 제지법을 획득하고 바그다드에서 별을 관측하던 갈망들이 도달한 지적 성과물들입니다.

정보는 언제나 가장 효율적인 길을 찾아 흐르며, 그 흐름이 닿는 곳에서 새로운 문명의 헤게모니가 탄생합니다. 우리는 이제 이 새로운 신경계가 가리키는 방향을 따라, 길 위에서 꽃핀 인류의 집단 지성이 어떻게 세계를 하나로 묶어 왔는지, 그 장엄한 통합의 서사로 발걸음을 옮겨보고자 합니다. 그곳에는 고립된 지혜들이 만나 지구적 지능으로 거듭나는 또 다른 경이로운 풍경이 기다리고 있습니다.

| 1-4절 세계를 하나로 묶은 칭기즈칸의 초고속 신경망 |

인류 문명의 흐름을 바꾼 수많은 길 중에서도 13세기 몽골 제국이 유라시아 대륙 위에 새긴 궤적은 그 차원을 달리합니다. 이전의 길들이 자연적으로 형성된 교역로였거나 제국의 국경을 지키는 방어선이었다면, 칭기즈칸과 그의 후예들이 닦은 길은 대륙 전체를 하나의 유기적인 생명체로 박동하게 만든 초고속 신경계였습니다.

우리는 흔히 몽골 제국을 파괴와 정복의 역사로만 기억하지만, 인문학적 관점에서 그들이 인류에게 남긴 가장 위대한 유산은 바로 속도라는 도구를 통해 공간의 제약을 무너뜨린 역참제(驛站制)에 있습니다. 이는 현대의 광케이블과 5G 네트워크가 데이터를 실어 나르는 방식의 원형이자, 오늘날 우리가 북극의 얼음 바다를 가로지르며 구현하려는 실시간 물류 시스템의 고대판 설계도이기도 합니다.

정복의 도구에서 소통의 동맥으로

칭기즈칸은 광활한 대륙을 장악한 뒤, 단순히 땅을 차지하는 것보다 그 땅을 어떻게 관리하고 연결할 것인가에 집중했습니다. 그는 정보가 군대의 행군 속도보다 느리게 흐를 때 제국이 붕괴한다는 진실을 꿰뚫어 보았습니다. 그리하여 탄생한 것이 바로 인류 역사상 유례없는 통신 및 물류 네트워크인 '얌(Yam)'입니다.

몽골 제국은 주요 거점마다 약 30~50km 간격으로 역참을 설치했습니다. 각 역참에는 수백 마리의 건강한 말과 사료, 그리고 숙련된 전령들이 상시 대기하고 있었습니다. 전령이 도착하기 전 멀리서 방울 소리를 울리면, 역참에서는 즉시 말을 갈아탈 준비를 마쳤습니다. 전령은 말에서 내리지 않고 곧바로 다음 말로 옮겨 타며 대륙을 질주했습니다.

이 시스템을 통해 정보는 하루에 무려 200~300km를 이동했습니다. 당시 유럽이나 중국의 일반적인 전파 속도보다 수십 배나 빠른 수치였습니다. 이는 현대의 관점에서 볼 때, 패킷(Packet) 단위의 데이터가 노드(Node)를 거치며 초고속으로 전송되는 알고리즘의 물리적 구현이었습니다. 몽골의 역참제는 파편화되어 있던 유라시아의 정보들을 하나의 중앙처리장치(칸의 궁정)로 수렴시키고, 다시 전 세계로 명령을 뿜어내는 글로벌 운영체제(OS)의 역할을 수행한 것입니다.

길 위의 절대적 자유와 권위

역참제가 신경망이라면, 그 망을 자유롭게 오갈 수 있는 인증 시스템이 필요했습니다. 몽골 제국은 이를 위해 '파이자(Paiza, 牌子)'라 불리는 신패를 고안했습니다. 금, 은, 동으로 만들어진 이 작은 패는 오늘날의 외교관 여권이자 하이패스 카드와 같았습니다.

파이자를 지닌 자는 제국 내 어떤 역참에서도 최고의 대우를 받으며 신속하게 이동할 수 있는 권리를 보장받았습니다. "금 쟁반을 머리에 얹은 처녀가 제국의 한쪽 끝에서 다른 쪽 끝까지 아무런 해를 입지 않고 여행할 수 있다"는 전설적인 기록은, 역참제가 가져온 압도적인 치안과 질서를 상징합니다. 길은 이제 두려움과 불확실성의 공간이 아니라, 제국의 법과 권위가 완벽하게 보호하는 신뢰의 통로가 되었습니다.

이 파이자는 현대 북극항로의 요소들 중 폴라 코드(Polar Code)와 '항행 주권'의 문제를 떠올리게 됩니다. 과거 몽골

이 파이자를 통해 길 위의 질서를 부여했듯이, 오늘날 북극해를 장악하려는 강대국들은 자국의 인증과 시스템을 거친 선박들 만이 얼음 고속도로를 이용할 수 있도록 보이지 않는 디지털 파이자를 설계하고 있습니다. 길을 통제하는 자가 곧 문명의 주도권을 쥔다는 지정학적 진리는 800년 전 초원의 길에서 이미 완성된 셈입니다.

기술과 지혜의 서진(西進)

역참제가 일구어 낸 문명사적 성취 중 하나는 바로 동양의 축적된 지혜가 서쪽으로 폭발적으로 이동했다는 사실입니다. 이른바 '팍스 몽골리카(Pax Mongolica)' 시대에 유라시아는 하나의 거대한 지적 공유지가 되었습니다.

중국의 인쇄술, 화약, 나침반 기술은 역참망을 타고 빛의 속도로 서구에 전달되었습니다. 뿐만 아니라 아랍의 천문학과 수학, 페르시아의 의술이 비단길의 역참들을 거쳐 유럽의 암흑기를 걷어내는 르네상스의 서광이 되었습니다. 칭기즈칸이 닦은 길은 단순히 군마(軍馬)가 달리는 길만이 아니라, 동양의 고도화된 문명이 서구로 수혈되는 문명의 컨베이어 벨트이기도 했습니다.

이러한 지식의 대이동은 앞에서 다룬 정보 신경계 담론

의 정점입니다. 몽골의 역참은 정보를 보관하는 데이터 센터이자, 서로 다른 문화가 충돌 없이 섞이는 게이트웨이였습니다. 여기서 재미있는 역사적 사실은, 문명의 헤게모니가 동양에서 서양으로 넘어간 결정적 계기는 역설적이게도 몽골이라는 거대한 길의 설계자가 제공한 이 초고속 네트워크 덕분이었다는 점입니다. 동양에서 탄생한 씨앗들이 서양이라는 토양에 심겨 근대 문명의 열매를 맺게 한 것은, 바로 칭기즈칸의 발자국이 남긴 역참의 유산이었다는 사실이 흥미로운 점입니다.

효율의 이면과 네트워크의 공포

하지만 길이 가진 속도와 연결은 인류에게 언제나 축복만을 의미하지 않았습니다. 몽골 제국이 건설한 유라시아의 초고속망은 인류 역사상 끔찍한 재앙 중 하나인 흑사병(Black Death)을 실어 나르는 치명적인 혈관이 되기도 했습니다. 1347년, 크림반도의 카파(Caffa) 공성전에서 몽골군이 투척한 병사들의 시신에서 시작된 페스트균은, 역설적으로 그들이 자랑하던 역참망과 비단길을 타고 빛의 속도로 서부 유럽을 향해 질주했습니다.

이 사건은 인류 문명사에 지워지지 않는 거대한 질문을

던졌습니다. 네트워크가 정교해지고 소통의 속도가 빨라질수록, 그 길을 타고 흐르는 부작용 또한 통제 불가능한 속도로 확산된다는 냉혹한 진실입니다. 몽골의 역참제는 대륙의 거리를 좁혀 번영을 가져왔지만, 동시에 보이지 않는 죽음의 전파 속도까지 비약적으로 높여버렸습니다. 길의 효율성이 극에 달했을 때, 인류는 비로소 자신들이 만든 연결망을 제어할 지혜가 부족함을 뒤늦게 깨달았던 것입니다.

이 비극적 교훈은 오늘날 북극항로를 개척하는 우리에게 준엄한 경고를 던집니다. 우리가 더 빠른 물류와 자원 확보를 위해 북극의 빗장을 풀 때, 그 길을 타고 흐르는 것은 오직 경제적 가치만이 아닐 것입니다. 수만 년 동안 얼음 아래 잠들어 있던 고대의 바이러스나 박테리아가 온난화와 인간의 개입으로 깨어날 수 있으며, 항로 개척으로 인한 생태계 교란의 파동은 흑사병이 그러했듯 전 지구적인 생물학적 역습으로 번질 위험을 내포하고 있습니다. 몽골의 역참제가 의도치 않게 재앙을 실어 날랐듯, 북극항로 역시 우리가 감당할 수 없는 생태적 부메랑의 통로가 될 수 있음을 성찰해야 합니다. 연결의 이면에는 항상 책임의 무게가 따르기 때문입니다.

| 1-5절   길 위에서 꽃핀 인류의 집단 지성 |

　필자는 이 지점에서 '길'의 본질을 다시 묻게 됩니다. 장건의 집념 어린 발자국에서 시작해, 로마의 견고한 돌길과 이슬람의 지혜가 흐르던 신경계를 거쳐, 칭기즈칸이 완성한 초고속 역참에 이르기까지 인류가 닦아온 길의 서사를 살펴보았습니다. 이 서사들은 결국, '길'이 인류 문명에 남긴 가장 거대하고도 본질적인 유산을 가리키고 있습니다. 바로 서로 다른 시공간에 고립되어 있던 개별적인 지혜들이 '길'이라는 수단을 통해 거대한 하나의 흐름으로 합쳐진 '집단 지성'의 탄생입니다. 즉, 길은 인류가 공동의 문제를 해결하고 더 나은 미래를 설계하기 위해 지혜를 모았던 거대한 지적인 광장이었던 것입니다.

문화적 교차수정이 빚어낸 문명의 진화

　생태계에서 서로 다른 종이 만나 새로운 생명력을 얻는 과정을 교차수정(Cross-pollination)이라 부릅니다. 인류의 사유 체계 역시 길 위에서 벌어진 낯선 문명과의 조우를 통해 폭발적으로 진화하고 전승되어 왔습니다. 고대의 길들은 단순히 물자를 실어 나르는 통로를 넘어, 서로 다른 세계관이 충돌하고 융합하는 용광로 역할을 수행했던 것입니다.

그 대표적인 결실이 바로 이슬람의 황금시대를 거쳐 서구의 르네상스로 이어진 지식의 연쇄 반응입니다. 인도의 수학, 그리스의 철학, 그리고 중국의 기술이 길 위에서 만나 이슬람 세계라는 거대한 지식 창고에 모였습니다. 이곳에서 정제된 지식은 다시 로마 가도를 타고 유럽으로 흘러가 근대 과학 혁명의 불씨가 되었습니다. 만약 문명 간의 길이 끊겨 있었다면, 인류는 각자의 우물 안에서 같은 오류를 반복하며 정체되었을 것입니다. 길은 이처럼 타자의 지혜를 나의 자양분으로 삼는 공존의 기술을 가르쳐주며 인류를 진화시켜왔던 것입니다.

인류 공동의 플랫폼으로서의 길

길은 인류가 발명한 가장 오래되고 강력한 '오픈 소스 플랫폼'이기도 합니다. 누군가가 닦아놓은 오솔길을 다음 사람이 이어 걷고, 그 길이 대로가 되는 과정은 지식의 축적과 공유라는 집단 지성의 원리를 그대로 보여줍니다. 길 위에서 축적된 경험들—어느 계절에 어느 별자리를 따라야 하는지, 어느 산맥을 넘을 때 어떤 장비가 필요한지—은 세대를 거듭하며 인류 전체의 매뉴얼로 기록되었습니다.

이 플랫폼은 특정 집단의 독점물이 아니었습니다. 몽골 제국의 역참제에서 보듯, 길은 제국의 통치 수단인 동시에 동서양의 학자들이 기후 데이터와 지리학 정보를 공유하는 글로벌 네트워크로 기능했습니다. 개별적인 호모 사피엔스는 연약했지만, 길이라는 신경망으로 연결된 인류는 행성 전체의 환경을 이해하고 이용할 수 있는 거대한 지성체로 거듭났습니다. 우리가 오늘날 북극항로를 향해 지능형 시스템을 구축하려는 의지 또한, 수천 년간 길 위에서 다져온 이 집단적 학습 본능의 연장선에 있습니다.

세계 시민 의식의 태동과 인식론적 도약

길이 우리에게 준 또 하나의 고귀한 정신적 선물은 타자에 대한 인식입니다. 자기 집단의 울타리 안에만 갇혀 있던 인간은 길을 통해 낯선 이방인을 만나며 비로소 '우리'라는 범위를 확장하기 시작했습니다. 장건의 서역 개척이나 마르코 폴로의 여정은 단순히 지도를 넓힌 사건이 아니라, '지구상에 나와 다른 생각을 가진 동반자가 존재한다'는 인식론적 도약을 의미했습니다.

이러한 만남은 자문화 중심주의를 깨뜨리고 보편적 인류애와 세계 시민 의식(Cosmopolitanism)이 싹트는 토양이 되었습니다. 길 위에서 나눈 대화와 교류는 서로의 다름을 위협이 아닌 가능성으로 보게 만들었습니다. 인류가 문명을 꽃피울 수 있었던 것은 강한 근육의 덕이 아니라, 길을 통해 서로의 지혜를 빌리고 의지할 줄 아는 집단적 유대가 있었기 때문입니다.

인류가 대지 위에 새긴 첫 발자국부터 현대의 초고속 통신망에 이르기까지, 길의 역사는 곧 인류가 하나의 지능으로 묶이는 과정이었습니다. 이제 우리는 이 지상의 길에서 얻은 집단 지성의 힘을 품고, 더 넓은 미지의 세계인 바다로 나아갈 준비를 마쳤습니다. 대지의 한계를 넘어 수평선 너머를 꿈꾸었던 인류의 갈망은, 이제 대양을 가로지르는 새로운 항로의 서사로 이어집니다.

길은 결코 멈추지 않습니다. 다만 더 넓고, 더 빠르며, 더 깊은 성찰을 요구하는 방향으로 계속해서 이어질 뿐입니다.

제2장　바다의 확장과 시공간의 재편

인류가 대지 위에 길을 내고 그 길을 따라 집단 지성의 씨앗을 퍼뜨리는 것에 익숙해졌을 때, 인간의 시선은 자연스럽게 또 다른 거대한 장막으로 향했습니다. 그것은 끊임없이 일렁이며 육지의 끝을 집어삼키는 푸른 심연, 바로 '바다'였습니다. 제1장에서 우리가 목격한 문명의 서진(西進)이 대륙의 혈관을 타고 흐르는 느릿한 박동이었다면, 이제 우리가 마주할 제2장의 서사는 바다라는 광활한 무대를 선점한 서구가 동양의 헤게모니를 뒤바꾸어 놓는 급격한 문명사적 전환에 관한 기록입니다.

오랫동안 인류에게 바다는 소통의 통로이기보다 단절의 벽에 가까웠습니다. 고대인들에게 수평선 너머는 신들이 노니는 영역이거나 거대한 괴수가 배를 한입에 삼켜버리는 암흑의 공간이었습니다. 하지만 제1장에서 동양의 지혜와 기술(나침반, 화약, 제지술 등)을 수혈받은 서구의 호모 비아토르(Homo Viator, 길 위의 인간)들은 이제 그 도구들을 활용해 금단의 영역이었던 대양으로 눈을 돌리기 시작했습니다. 이는 단순히 영토의 확장이 아니라, 문명의 중심축이

유라시아 대륙의 심장부에서 대서양과 인도양의 해안선으로 이동했음을 의미합니다.

문명사적 관점에서 바다로의 진출은 동양과 서양의 운명을 가른 결정적인 분수령이었습니다. 대륙의 길에 안주했던 동양 문명은 바다를 위험한 경계로 보았으나, 기술과 자본의 열세에 놓여있던 서구는 바다를 기회의 영토로 재정의했습니다. 이 인식의 차이가 수천 년간 지속된 동양 우위의 질서를 무너뜨리고 서구 중심의 현대 세계를 빚어낸 것입니다. 이제 길은 점과 선을 넘어 전 지구를 감싸는 면으로 확장되었으며, 바다를 지배하는 자가 세계의 질서를 재편한다는 냉혹한 지정학적 원리가 지도 위에 선명하게 각인되기 시작했습니다.

다음은 향신료라는 작은 욕망이 어떻게 대항해 시대라는 거대한 파도를 일으켰는지, 그리고 정화의 대 함대가 멈춰선 그 자리에서 어떻게 동서양의 주도권이 역전되었는지를 추적합니다. 이러한 해상의 역사는 오늘날 우리가 맞이한 북극항로를 바라보는 투명한 거울이 될 것입니다. 500여 년 전 남쪽 바다를 돌아 세계의 패권을 거머쥐었던 역사는, 이제 지구가 열병을 앓으며 열어준 북쪽의 길 위에서 우리가 어떤 선택을 해야 할지를 준엄하게 묻고 있습니다.

인류가 수천 년간 대지 위에 새겨온 길들이 문명의 대동맥이었다면, 15세기 후반 유럽인들이 마주한 현실은 그 맥박이 완전히 끊길 위기에 처한 절박한 상황이었습니다. 1453년, 난공불락이라 믿었던 콘스탄티노플이 오스만 제국에 의해 함락되면서 유라시아 대륙을 잇던 전통적인 비단길은 사실상 폐쇄되었습니다. 동양의 풍요를 서양으로 실어 나르던 혈관이 막히자, 인류는 본능적으로 고개를 돌려 거친 파도가 일렁이는 바다를 바라보기 시작했습니다. 이것이 바로 인류의 지리적 한계를 지구 전체로 확장시키고, 동서양의 헤게모니 역전을 예고한 대항해 시대(Age of Discovery)의 위대한, 동시에 탐욕스러운 서막이었습니다.

'검은 황금' 후추가 바꾸어 놓은 세계사의 물줄기

오늘날 우리 식탁 위 어디서나 흔히 볼 수 있는 후추(Black Pepper) 한 알이 세계사를 뒤흔든 주인공이었다는 사실은 문명사의 흥미로운 에피소드 중 하나입니다. 당시 유럽인들에게 향신료는 단순히 맛을 내는 식재료를 넘어 권력과 부, 그리고 문화적 존재의 상징이었습니다. 냉장 시설이 없던 중세 유럽에서 고기의 누린내를 잡고 장기 보존을 가능하게 해주는 후추는 문자 그대로 검은 황금이었습니다.

당시 후추 한 줌의 가격은 같은 무게의 금값과 맞먹었으며, 때로는 화폐 대신 지불 수단으로 쓰일 만큼 귀한 대접을 받았습니다. 하지만 이 귀한 보물을 독점하고 있던 베네치아 상인들과 중동의 이슬람 중개 상인들은 막대한 통행세를 요구하며 유럽인들의 주머니를 쥐어짰습니다. 중개상을 거칠 때마다 가격은 수십 배로 뛰었고, 인도의 산지 가격보다 수백 배 비싼 가격에 후추를 사야 했던 서구의 왕실과 상인들에게 직접 인도로 가는 바닷길을 찾는 것은 가문의 영광을 넘어 국가의 성쇠가 걸린 절박한 과제가 되었습니다.

역사적으로 볼 때, 후추를 향한 이 뜨거운 갈망은 정체된 서구 문명을 거친 대양으로 밀어낸 욕망의 엔진이었습니다. 동양은 이미 그 풍요를 누리고 있었기에 굳이 바다로 나갈 이유가 없었으나, 결핍에 시달리던 서구는 그 결핍을 공학적 집념으로 승화시켜 지리적 숙명을 극복하려 했습니다. 오늘날 우리가 북극해 아래 잠든 천연가스와 희토류를 '자원의 보고'라 부르며 항로를 개척하는 모습은 500년 전 후추 한 줌을 찾아 바다로 나섰던 인류의 집착이 현대적으로 투영된 결과입니다.

암흑의 바다와 수평선 너머의 공포

당시 바다로 나아가는 결단은 오늘날 우리가 우주선을 타고 미지의 행성으로 떠나는 것만큼 큰 용기가 필요한 일이었습니다. 당시 유럽인들에게 대서양은 '암흑의 바다' 그 자체였습니다. 중세의 지도들은 바다의 끝에 이르면 배가 거대한 낭떠러지 아래로 떨어지거나, 해저에 서식하는 전설 속의 괴수들이 배를 한입에 삼켜버릴 것이라는 공포로 가득 차 있었습니다.

적도를 지나 남쪽으로 내려가면 뜨거운 태양 열기에 배가 불타버리거나 바닷물이 끓어오를 것이라는 원시적인 미신도 팽배했습니다. 이러한 심리적 장벽은 물리적인 폭풍우보다 더 견고한 장벽이었습니다. 철학적 시선으로 본다면, 대항해 시대의 서막은 단순히 지리적 경계를 넘는 항해가 아니라, 인간의 무지와 공포라는 내면의 장벽을 허무는 과정이기도 했습니다. 이 원시적인 공포를 이겨내게 한 것은 자본에 대한 타오르는 욕망, 그리고 동양의 지혜(나침반 등)를 자기화(自己化)하여 얻은 기술적 확신이었습니다.

결핍이 낳은 공학적 도약

막연한 용기만으로는 바다의 길을 열 수 없었습니다. 육로를 장악한 세력들에 대항하기 위해 서구의 개척자들은 지혜의 도구들을 처절하게 다듬기 시작했습니다. 이 무렵 등장한 쾌속 범선 카라벨(Caravel)은 조선공학 기술의 혁신을 상징합니다. 고정된 돛을 가졌던 기존의 배들과 달리, 카라벨은 삼각돛을 활용하여 역풍을 거슬러 항해할 수 있는 능력을 갖추었습니다. 이는 육지의 길이 험난하면 돌아가듯, 바다의 바람을 설계의 일부로 받아들인 기술적 도약이었습니다.

또한 이슬람 세계에서 비단길을 통해 건너온 아스트롤라베(Astrolabe)와 나침반은 서구의 항해사들에 의해 더욱 정교한 과학적 도구로 개량되었습니다. 그들은 별의 고도를 측정해 위도를 계산하고, 보이지 않는 바다의 길을 수치로 기록하기 시작했습니다. 기술은 이처럼 인간의 두려움을 통제 가능한 데이터로 바꾸어 놓았고, 마침내 인류는 수평선 너머로 돛을 올릴 실질적인 준비를 마치게 되었습니다. 이제 문명의 주도권은 대륙의 풍요로운 농토를 가진 자가 아니라, 결핍을 이기기 위해 정교한 배와 지도를 만드는 자에게로 서서히 옮겨가고 있었습니다.

바르톨로뮤 디아스의 인식론적 도약

대항해 시대의 가장 극적이고도 인문학적 함의가 깊은

순간은 1488년, 포르투갈의 항해가 바르톨로뮤 디아스 (Bartolomeu Dias)가 아프리카 대륙의 끝자락을 마주했을 때였습니다. 그는 미지의 아프리카 서해안을 따라 남하하던 중 거대한 폭풍을 만나 무려 2주 동안이나 방향을 잃고 표류했습니다. 선원들은 죽음의 공포에 질려 울부짖었고, 나무로 된 배는 부서질 듯 요동쳤습니다. 하지만 폭풍이 잦아들었을 때, 디아스는 기적처럼 육지를 발견했습니다. 그런데 기이하게도 육지가 북상하고 있는 배의 왼쪽에 보였습니다. 이는 자신도 모르는 사이에 아프리카 대륙의 최남단을 돌아 인도로 가는 입구에 들어섰다는 신호였습니다.

그는 이 고난의 항해를 기리며 그곳을 '폭풍의 곶(Cabo das Tormentas)'이라 이름 붙였습니다. 하지만 보고를 받은 포르투갈의 국왕 주앙 2세는 이 발견의 가치를 꿰뚫어 보았습니다. 그는 이 험난한 고비가 곧 인도로 가는 희망의 문임을 직감하고, 그곳을 '희망봉(Cape of Good Hope)'이라는 아름다운 이름으로 바꾸었다고 합니다.

희망봉은 인류가 수천 년간 가졌던 바다에 대한 원초적 공포가 비로소 길에 대한 확신으로 치환되는 문명사적 분수령을 상징합니다. 물리적 장벽(폭풍)을 인식의 전환(희망)으로 이겨낸 이 사건은, 오늘날 우리가 맞이한 북극항로의 상황과도 묘하게 겹칩니다. 과거의 항해사들이 남쪽 바다의 거친 파도에서 희망을 찾아냈듯이, 21세기의 우리는 지구가 흘리는 '얼음의 눈물' 속에서 새로운 문명의 물줄기를 찾아내야 하는 숙명을 안고 있기 때문입니다. 디아스의 항적은 위기의 한복판에서 길을 찾아내는 인간 정신의 위대함을 보여주는 동시에, 얼음과 혹한의 장벽에 둘러싸인 북쪽의 희망봉을 우리가 어떤 시선으로 바라봐야 할지 암시하고 있습니다.

동서양 헤게모니 역전의 도화선

디아스가 연 빗장은 곧이어 바스코 다 가마(Vasco da Gama)에 의해 인도로 향하는 완전한 항로로 연결되었습니다. 이 성공은 유라시아 대륙의 역학 관계를 단숨에 뒤흔들었습니다. 오랫동안 세계의 부와 지혜를 독점해온 동양 문명은 거대한 대륙의 성벽 안에서 자족하고 있었으나, 결핍을 이기기 위해 바닷길을 선점한 서구는 공격적인 무역망을 구축하며 전 세계의 자원을 빨아들이기 시작했습니다.

이 과정에서 세계 경제의 중심축은 지중해와 내륙 실크로드에서 대서양과 인도양으로 급격히 이동했습니다. 육로를 통제하며 부를 누렸던 중동의 제국들과 대륙 중심의 중국 왕

조들은 해상 주도권을 쥔 서구 세력에 의해 점차 변방으로 밀려나기 시작했습니다. 길(항로)을 지배하는 자가 문명의 주도권을 쥔다는 냉혹한 진실이 역사 전면에 등장한 것입니다.

서구는 이 바닷길을 통해 단순히 물자만을 실어 나르지 않았습니다. 그들은 식민 자본주의라는 탐욕의 시스템과 파괴력을 강화한 군사 기술을 앞세우며 동양의 자존심을 무너뜨렸습니다. 제1장에서 우리가 보았던 문명의 서진(西進)이 동양의 지혜를 서양으로 옮겨주었다면, 이제 열린 바닷길은 서양의 힘이 동양을 압도하고 지배하는 헤게모니 역전의 고속도로가 되었습니다. 이는 오늘날 우리가 북극항로의 주도권을 두고 벌이는 지정학적 경쟁이 단순히 물류 비용의 문제가 아니라, 향후 오랜 세월동안 세계 질서의 운영 체제를 누가 설계할 것인가라는 권력의 이동 문제임을 보여주는 역사의 교훈이 될 것입니다.

남쪽의 성공이 북쪽의 갈망을 낳다

흥미로운 사실은, 이 시기 남쪽 항로(희망봉 항로)의 성공이 역설적으로 북쪽 항로(북극항로)에 대한 인류의 욕망을 낳았다는 점입니다. 스페인과 포르투갈이 남쪽 바다를 선점하여 막대한 부를 독점하자, 이에 소외된 영국과 네덜란드 같은 후발 주자들은 그들의 간섭을 받지 않고 인도로 갈 수 있는 또 다른 지름길을 갈구하게 되었습니다. 그들의 시선이 향한 곳은 지도상의 공백으로 남아있던 북쪽의 얼음 바다였습니다.

당시 탐험가들은 남쪽 바다를 돌아가는 것이 너무나 멀고 험난했기에, 지구가 구체(球體)라면 북쪽 정수리를 관통하는 것이 훨씬 빠를 것이라는 기하학적 확신을 가졌습니다. 하지만 그들의 열망은 철옹성처럼 굳건히 닫혀 있던 만년빙의 성벽에 부딪혀 수차례 좌절되었습니다. 존 프랭클린(John Franklin, 1786~1847, 영국의 해군 제독이자, 탐험가)과 같은 이들이 얼음 속에 남긴 뼈와 영혼은, 사실 남쪽 항로를 장악한 열강들에 대항하여 새로운 질서를 만들려 했던 후발 문명들의 처절한 도전이었습니다.

우리는 여기서 북극항로의 그 역사적 뿌리를 발견합니다. 오늘날 우리가 개척하려는 북극의 길은 갑자기 생겨난 욕망이 아닙니다. 그것은 500년 전 대항해 시대의 개척자들이 남쪽 바다를 돌파하며 가졌던 꿈이 북극항로라는 공간 압축의 꿈으로 이어졌으나 미처 완성되지 못하고 얼음 속에 박제되어 있다가, 이제 지구의 온난화라는 역설적 계기를 통해 다시금 깨어난 것입니다. 과거의 항해사들이 후추를 찾아 희망봉을 넘었듯, 이제 우리는 미래의 에너지를 찾아 북극의 빗장을 열고 있는 것입니다.

이제 인류는 지구가 열병을 앓으며 마지못해 열어준 새로운 지름길, 북극으로 향하고 있습니다. 향신료를 향한 도전이 근대 문명을 열고 전 지구적 연결을 가져왔지만, 그 길 위에는 식민 지배와 약탈이라는 씻을 수 없는 상처도 새겨졌습니다. 바다는 인류에게 무한한 기회를 주었으나, 인간은 그 기회를 패권의 도구로 사용하며 인류문명의 그림자를 양산하였습니다. 대항해 시대의 항로가 서구 중심의 세계를 빚어냈다면, 이제 열리는 북극의 항적은 과연 어떤 새로운 역사의 페이지를 쓰게 될까요?

우리는 이제 이 질문을 품고, 지구가 평면이라는 공포를 딛고 일어서 행성 전체를 하나의 선으로 묶었던 또 다른 장엄한 기록, 마젤란의 오디세이와 정화의 멈춰버린 대 함대라는 엇갈린 운명을 향해 다음 발걸음을 옮겨보고자 합니다.

2-2절 마젤란의 오디세이와 구체 지구의 실증

바르톨로뮤 디아스가 희망봉을 발견하며 아프리카 남단

의 빗장을 풀었을 때, 유럽인들은 비로소 바다를 통해 인도로 갈 수 있다는 확신을 얻었습니다. 하지만 인류의 호기심과 욕망은 거기에서 멈추지 않았습니다. "동쪽으로 돌아가는 길(희망봉 항로)이 있다면, 반대로 서쪽으로 계속 나아가도 결국 인도가 나오지 않을까?"라는 대담한 가설이 고개를 든 것입니다. 그러면 지구가 평면이라는 공포를 어떻게 딛고 일어서서 인류가 자신들이 사는 행성의 온전한 형태를 몸소 실증해냈는지 그 장엄한 도전의 기록을 살펴보기로 하겠습니다.

길을 잃어 얻은 새로운 세계

1492년, 이탈리아 제노바 출신의 항해사 크리스토퍼 콜럼버스는 스페인 왕실의 후원을 받아 세 척의 배를 이끌고 서쪽으로 돛을 올렸습니다. 당시 대다수 사람들은 지구가 평평하며 바다의 끝에는 지옥과 같은 낭떠러지가 있다고 믿었습니다. 하지만 콜럼버스는 고대 그리스 지리학자들의 가설을 믿었고, 지구가 둥글기 때문에 서쪽으로 항해하면 동양의 황금국 '지팡구(일본)'와 인도에 훨씬 빨리 닿을 수 있다고 확신했습니다.

물론 그의 계산에는 인류사에서 가장 위대하다고 평가받

는 오판이 숨어있었습니다. 그는 지구의 크기를 실제보다 훨씬 작게 추정했고, 유라시아 대륙과 동양 사이에 '아메리카'라는 거대한 대륙이 가로막고 있을 것이라고는 꿈에도 생각지 못했습니다. 60일이 넘는 항해 동안 육지를 보지 못한 선원들이 반란을 일으키기 직전, 기적적으로 발견한 바하마 제도의 섬들은 콜럼버스에게 인도라는 착각의 환희를 안겨주었습니다.

어떻게 생각해보면 콜럼버스의 위대함은 그가 발견한 영토의 크기가 아니라, '평면의 공포'를 '구체의 확신'으로 바꾼 용기에 있습니다. 비록 그는 죽을 때까지 자신이 발견한 곳을 인도라 믿어 원주민들을 인디오(Indio)라 불렀지만, 그의 이 '위대한 착각'은 인류의 활동 무대를 더 이상 평면이 아닌 입체적인 지구의 관점으로 확장시키는 결정적 계기가 되었습니다. 길은 때로 목적지를 잃었을 때 예기치 못한 진실을 우리에게 선사하는 거 같습니다.

마젤란의 오디세이와 입체적 지구의 탄생

콜럼버스가 서쪽 길의 문을 열었다면, 페르디난드 마젤란은 그 길을 끝까지 걸어 지구의 시작과 끝을 하나로 묶은 인물이었습니다. 1519년, 다섯 척의 배와 270여 명의 선원을 이끌고 스페인을 출발한 마젤란의 선단은 인류 역사상 가장 무모하고도 장엄한 도전을 시작했습니다. 이는 기록으로 남은 인류 최초의 지구적 규모의 오디세이였습니다.

남미 대륙의 끝자락에서 미로처럼 얽힌 해협을 발견하기까지 그들이 겪은 고난은 형언할 수 없었습니다. 추위와 굶주림, 그리고 선상 반란이라는 절체절명의 위기를 넘기고 38일간의 사투 끝에 해협을 통과하자, 눈앞에는 대서양의 거친 파도와는 전혀 다른 평온한 바다가 펼쳐졌습니다. 감격에 젖은 마젤란은 이 바다를 '평화로운 바다', 즉 태평양(Pacific Ocean)이라 명명했습니다.

하지만 태평양은 그 이름만큼 자비롭지 않았습니다. 98일간 육지를 보지 못한 채 망망대해를 떠돌며 식량이 바닥나자 선원들은 돛에 덧댄 소가죽을 씹어 먹고 쥐를 잡아먹으며 버텼습니다. 1521년 필리핀에 도착했을 때 그들은 이미 만신창이였고, 마젤란 본인은 현지 부족과의 분쟁 중에 비극적인 최후를 맞이했습니다. 그러나 리더를 잃은 선단 중 마지막 남은 한 척, 빅토리아호는 인도양과 희망봉을 돌아 1522년 스페인으로 귀환했습니다. 3년 만에 지구를 한 바퀴 돌아 제자리로 돌아온 18명의 생존자는 인류에게 가장 명확한 명제를 선물하였습니다. "지구는 정말로 둥글다"는 물리적 실증이었습니다.

유한한 지구의 발견과 근대적 공간인식의 혁명

마젤란의 세계 일주가 완료된 순간, 인류의 공간 인식은 근본적인 혁명을 맞이했습니다. 지구는 더 이상 끝을 알 수 없는 무한한 평면이 아니라, 인간의 탐험과 의지로 정복 가능한 유한한 구체가 되었습니다. 인문학적으로 이는 세계가 하나의 유기적인 생명체로 연결되었음을 의미합니다. 이제 아시아에서 흘린 땀방울이 유럽의 식탁을 바꾸고, 아메리카에서 건너온 작물이 아시아의 인구를 부양하는 글로벌 네트워크의 초석이 놓인 것입니다.

또한, 이 항해는 시간의 개념도 바꾸어 놓았습니다. 지구가 둥글기 때문에 동쪽으로 가느냐 서쪽으로 가느냐에 따라 날짜가 달라진다는 사실을 발견한 것은 인류가 우주의 질서 속에 지구의 위치를 재확인하는 계기가 되었습니다. 지도는 더 이상 상상의 동물을 그려 넣는 캔버스가 아니라, 측정된 위도와 경도를 바탕으로 그려지는 과학적 도구가 되었습니다. 인간은 이제 자신의 집인 지구의 전체 규모와 생김새를 온전히 이해하게 된 것입니다. "내가 보았다"는 경험이 "책에 적혀있다"라는 권위를 압도하기 시작한 지식의 대 전환기였습니다.

북극항로, 지구 형태 실증의 현대적 완성

500년 전 마젤란의 선원들이 남미의 거친 해협을 지나 태평양을 가로질렀을 때, 그들은 가장 멀지만 가장 확실한 길을 택했습니다. 오늘날 우리가 북극항로에 주목하는 이유는 그들이 입증한 '둥근 지구'의 원리를 극한의 효율로 활용하기 위함입니다. 지구의 정수리를 가로지르는 항로는 지구가 구체이기에 가능한 기하학적 축복입니다.

과거 탐험가들이 목숨을 걸고 지구의 가로축을 하나로 묶었다면, 오늘날 우리는 기후 변화라는 위기 속에서 지구의 세로축을 잇는 새로운 도전에 직면해 있습니다. 콜럼버스가 서쪽으로 가면 인도가 나올 것이라는 믿음으로 돛을 올렸듯, 우리는 북쪽으로 가면 더 빠른 미래가 있을 것이라는 확신으로 얼음 바다를 응시합니다.

결국 길은 인간의 인식만큼 넓어집니다. 지구가 둥글다는 것을 실증하며 근대 문명을 열었던 선구자들의 정신은, 이제 얼어붙은 북극해를 문명의 대동맥으로 바꾸려는 우리의 의지 속에 살아 숨 쉬고 있습니다. 미지의 바다를 향한 인간의 욕망과 용기는 500년 전이나 지금이나 변함없는 우리 문명의 가장 강력한 항해 엔진입니다. 그리고 둥근 지구의 원리를 가장 극적으로 활용하는 북극항로는 어쩌면 500년 전 시작된 지구 실증의 역사를 현대적으로 완성하는 가장 위대한 항적이 될 것입니다.

| 2-3절   정화의 멈춰버린 대 함대가 바꾼 운명 |

우리는 앞서 서구의 탐험가들이 후추라는 욕망에 이끌려 목숨을 걸고 바다의 길을 열었던 사투를 목격했습니다. 하지만 그들이 조각배에 가까운 카라벨선을 타고 대서양의 파도와 싸우기 수십 년 전, 유라시아 대륙의 동쪽 끝에서는 이미 인류 역사상 유례없는 규모의 해상 제국이 바다를 호령하고 있었습니다. 바로 명나라 영락제의 명을 받은 정화(鄭和)의 대원정입니다.

문명사적 관점에서 볼 때, 정화의 함대는 동양 문명이 바다를 지배하고 세계 질서의 운영 체제를 장악할 수 있었던 최후이자 최고의 기회였습니다. 이 함대가 멈춰 서고 바다의 문을 스스로 걸어 잠근 순간, 동양과 서양의 운명은 거칠게 엇갈렸으며 천 년이 넘게 지속된 동양 우위의 헤게모니는 서구로 급격히 기울기 시작했습니다. 이 뼈아픈 역사는 오늘날 북극항로라는 거대한 문명사적 전환점 앞에 선 우리에게 기회의 주도권을 선점하는 것이 얼마나 엄중한 일인지를 준엄하게 경고하고 있습니다.

바다를 덮은 압도적 규모의 보선(寶船)

1405년, 정화의 제1차 원정대가 남중국해를 향해 닻을 올렸을 때, 그 광경은 마치 바다 위에 거대한 도시가 떠다니는 것과 같았습니다. 함대의 중심에는 보물선이라는 뜻의 보선(寶船)들이 자리 잡고 있었습니다. 기록에 따르면 가장 큰 보선은 길이가 약 120~150m, 너비가 60m에 달했습니다. 이는 수십 년 뒤 콜럼버스가 타고 간 산타마리아호 20~30m보다 무려 5배 이상 컸으며, 배수량(배와 선적물의 총 무게, Displacement) 면에서는 수십 배의 차이가 나는 압도적인 거함이었습니다.

이 거대한 보선들은 9개의 돛대를 가졌으며, 한 척에만 수백 명의 승무원이 탑승할 수 있었습니다. 정화의 함대는 이러한 거함을 포함해 총 300여 척의 배와 2만 7천 명의 병력, 의사, 점성술사, 기술자들로 구성된 떠다니는 국가였습니다. 즉, 정화의 함대는 단순히 무력을 과시하기 위한 도구

가 아니라, 동양 문명이 축적해 온 공학적·행정적·지적 역량
의 총체적 결실이었습니다.

정화의 함대가 거친 인도양의 폭풍을 뚫고 아프리카 동
해안까지 진출할 수 있었던 것은 단순히 배가 컸기 때문만
이 아닙니다. 그 안에는 서구 문명이 수백 년 뒤에야 비로소
도달하게 될 고도의 테크네가 집약되어 있었습니다. 대표
적인 것이 배의 하단부를 여러 칸의 독립된 공간으로 나누
는 수밀 격벽(Watertight Bulkhead) 기술입니다. 이 기술은
배의 한 부분이 파손되어 물이 차오르더라도 배 전체가 침
몰하는 것을 막아주는 혁신적인 설계로, 서양에서는 19세
기에 이르러서야 보편화된 기술이었습니다.

또한, 중국의 발명품인 나침반은 정화의 함대에 이르러 완
벽한 항해 도구로 진화했습니다. 그들은 또한 천문 관측과
나침반 수치를 결합한 정교한 해도(海圖, Nautical Chart)
를 바탕으로 보이지 않는 바다 위에 길을 그려 나갔던 것
입니다. 이는 자연의 우연에 행운을 기대하는 항해가 아니
라, 데이터를 기반으로 하는 기획되고 관리되는 항해였음
을 의미합니다.

정복이 아닌 표준의 이식

　정화의 원정은 서구의 대항해 시대와 결정적인 차이점이 있었습니다. 서구의 항해가 약탈과 식민지 건설을 목적으로 한 정복의 길이었다면, 정화의 항해는 명나라 중심의 평화로운 조공 질서를 세계로 확장하려는 교류의 길이었습니다. 정화는 가는 곳마다 현지의 왕들과 외교 관계를 맺고, 동양의 비단과 도자기를 나누어 주며 중화 문명의 위엄을 전파했습니다.

　이러한 행위는 소위 소프트 파워를 통한 표준의 이식이었다고 보여집니다. 정화는 칼을 휘둘러 영토를 빼앗는 대신, 명나라의 역법과 도량형, 그리고 예법을 공유함으로써 동양의 가치를 세계의 표준으로 세우려 했습니다. 따라서 이 바닷길은 물질이 오가는 통로를 넘어, 세상을 다스리는 규칙이 전파되는 치세의 혈관이었던 것입니다.

　600년 전 정화가 바다의 길 위에서 중화주의라는 표준을 세우려 했듯, 지금의 북극은 누가 미래 문명의 새로운 규칙 제정자가 될 것인가를 두고 벌이는 거대한 각축장입니다. 오늘날 강대국들이 북극항로를 선점하기 위해 단순히 배를 띄우는 것을 넘어, 연안국 통제권과 배타적 경제수역내의 자유 통항권, 영해 내의 무해 통항권, 항해 안전 규정 등의 표준을 선점하려 애쓰는 이유가 바로 여기에 있습니다.

제국의 변심과 해금(海禁)의 비극

　인류 역사상 가장 찬란했던 해상 개척의 서사는 허무하게도 제국 내부의 정치적 논리에 의해 마침표를 찍었습니다. 1424년, 정화의 든든한 후원자였던 영락제가 서거하자 명나라 조정의 공기는 급격히 차갑게 식었습니다. 유교적 근본주의에 사로잡힌 보수적인 관료들에게 거대한 함대를 운용하는 것은 오직 황제의 사치이자 국가 재정을 좀먹는 무모한 낭비로 보였습니다.

　그들은 정화가 가져온 기린과 보석을 기이한 물건으로 치부하며 평가절하하기에 급급했고, 마침내 1433년 제7차 원정을 끝으로 대 함대의 항해를 영구히 중단시켰습니다. 비극은 여기서 멈추지 않았습니다. 조정은 바다로 나가는 길을 아예 봉쇄하는 해금(海禁) 정책을 선포했습니다. 정화가 수십 년간 사투를 벌이며 작성한 정교한 해도와 항해 기록들은 불태워졌고, 세계 최대를 자랑하던 보선들은 항구에서 썩어가다 해체되었습니다. 정화의 압도적인 시작은 그토록 장대하고 순탄하였기에 항해의 갑작스러운 중단을 결정한 이유들은 도저히 이해하기 어려우며 그 중단이 가져온 비극이 더더욱 뼈아프게 다가옵니다.

　역사는 이 사건을 문명이 스스로 자신의 신경망을 끊어

버린 지적 자해 행위로 기억합니다. 바다를 무한한 기회의 통로가 아닌 왜구의 침입과 사치품의 유입이 일어나는 위협의 근원으로 인식한 이 오판은, 중국이 세계 질서의 주역에서 변방의 폐쇄적인 왕국으로 전락하는 결정적인 도화선이 되었습니다.

헤게모니의 역전, 진공 상태의 바다를 차지한 서구

정화의 함대가 바다에서 철수한 사건은 유라시아 해양 질서에 거대한 권력의 진공 상태를 만들었습니다. 동양 문명이 자발적으로 바다의 열쇠를 반납한 지 불과 수십 년 뒤, 서구의 카라벨 선단이 그 빈자리를 치고 들어왔습니다. 바르톨로뮤 디아스와 바스코 다 가마는 정화의 함대가 지나갔던 그 물길을 따라 거꾸로 동양을 향해 돛을 올렸던 것입니다.

역설적이게도 정화가 평화로운 조공 질서를 위해 닦아놓았던 항로와 거점들은, 이제 서구 열강들의 식민 지배를 위한 교두보로 변모했고 정화가 선물과 문화를 실어 날랐던 그 길 위에서, 서구는 대포와 약탈의 문법으로 새로운 세계 질서를 쓰기 시작했습니다. 동양이 안주를 선택한 순간 서양은 팽창을 선택했고, 이 한 번의 엇갈린 선택이 향후 500년 동안 지속될 동서양의 헤게모니 역전을 완성했습니다.

바다를 지배하는 자가 세상을 지배한다는 진리는, 정화의 멈춰버린 돛과 콜럼버스의 펼쳐진 돛 사이에서 가장 비정한 형태로 증명되었습니다. 이렇듯 극명하게 다른 항해의 목적들이 정화의 대선단의 닻이 올라가던 그 찬란한 순간에 아이러니하게도 이미 동양 문명의 정체와 서구의 부상이라는 운명의 주사위가 던져지고 있었던 것입니다.

기회의 카이로스를 놓치지 않는 지혜

우리가 오늘날 정화의 실패를 반추해야 하는 이유는 북극항로라는 새로운 문명사적 전환점이 우리 앞에 놓여 있기 때문입니다. 과거 명나라가 해상 패권을 포기하며 실기(失期)했듯이, 현대의 국가들도 북극항로라는 거대한 물줄기 앞에서 환경론적 우려와 지정학적 불확실성이라는 명분 아래 망설이고 있습니다.

하지만 역사는 분명히 경고합니다. 문명사적 기회는 모든 이에게 공평하게 찾아오지만, 그 기회의 주도권을 쥐는 자는 오직 결단하고 행동하는 사람뿐이라는 사실입니다. 러시아와 중국이 북동항로와 빙상 실크로드를 건설하기 위해 사활을 거는 모습은 600년 전 바다의 주도권을 놓쳤던 뼈아픈 역사를 되풀이하지 않겠다는 지정학적 본능의 발현입니다.

대한민국 역시 이 지점에서 북극의 나침반을 다시 세워야 합니다. 정화의 함대가 멈췄던 그 자리에서 우리는 새로운 항로의 운영자이자 규칙제정자로서 돛을 올려야 합니다. 기후 위기라는 도덕적 성찰을 잊지 않되, 변화하는 지도의 흐름을 읽어내어 미래 세대의 번영을 위한 지렛대로 삼는 영리한 전략이 필요합니다.

정화의 비극은 우리에게 말합니다. 길을 포기하는 문명은 결국 그 길을 장악한 타자의 질서에 종속될 수밖에 없다는 냉혹한 진실을 말입니다. 그리고, 아무리 뛰어난 기술적 우위를 점하고 있더라도, 그 기술을 운용하는 문명의 의지가 꺾이는 순간 그 모든 성취는 얼음 속의 화석처럼 박제되어 버린다는 사실을 말입니다.

결국 정화의 대 함대는 인류 문명사에서 가장 웅장했던 시작이자 가장 뼈아픈 중단으로 기록되었습니다. 동양이 바다를 버리고 대륙의 성벽 안으로 숨어들었을 때, 인류의 무게중심은 거부할 수 없는 관성으로 서쪽을 향해 이동했습니다. 마치, 기회의 신 카이로스(Kairos)는 앞머리는 숱이 많고 뒷머리는 대머리이며 발에는 날개가 달려있어, 올 때는 잡기 쉽지만 지나가면 다시 잡을 수 없다는 그리스 신화의 이야기처럼 말입니다.

이제 우리는 이 엇갈린 운명의 항적을 뒤로하고, 바다를 장악한 서구가 어떻게 전 세계의 자원을 빨아들이며 동양에 씻을 수 없는 상처를 남겼는지, 그 지배의 구체적인 현장인 갤리온 무역과 아편전쟁의 흑역사 속으로 발걸음을 옮겨보고자 합니다. 그곳에는 길을 빼앗긴 문명이 치러야 했던 혹독한 대가가 기다리고 있습니다.

| 2-4절　갤리온 무역과 아편전쟁 – 항로개척의 상처 |

우리는 명나라 정화의 대 함대가 바다를 스스로 포기하고 대륙의 성벽 안으로 숨어버린 비극적인 선택을 목격했습니다. 동양이 자발적으로 바다의 열쇠를 반납하며 만들어진 권력의 진공 상태는 곧 탐욕과 기술로 무장한 서구의 선단들에 의해 채워졌습니다. 이제 바다는 더 이상 평화로운 조공 질서의 통로가 아니었습니다. 그것은 전 세계의 부를 서구라는 하나의 심장으로 빨아들이는 거대한 흡입관이자, 강자가 약자의 문을 강제로 열어젖히는 정복의 칼날로 변모했습니다. 그러면 이제는 바다를 장악한 서구가 어떻게 경제적·군사적 헤게모니를 완성했는지, 그 잔혹하고도 정교한 지배의 기록을 추적해 볼 차례입니다.

마닐라 갤리온 무역, 세계를 은(銀)의 고속도로 하나로 묶다.

16세기 후반부터 약 250년 동안 태평양을 가로질렀던 마닐라 갤리온(Manila Galleon)무역은 인류 역사상 최초의 진정한 글로벌 공급망이었습니다. 스페인은 아메리카 대륙에서 원주민의 고혈을 짜내어 캐낸 막대한 양의 은(銀)을 멕시코의 아카풀코에서 배에 실어 필리핀의 마닐라로 보냈습니다. 그곳에서 은은 중국의 비단, 도자기, 향신료와 교환되어 다시 유럽과 아메리카로 흘러갔습니다.

이 거대한 순환의 고리는 강대국이 길의 주도권을 쥐었을 때 부의 흐름을 어떻게 자신들의 이익에 맞게 설계할 수 있는지를 보여주는 서늘한 증거입니다. 유럽은 아시아의 정교한 생산력을 부러워하면서도, 정작 그 생산물을 유통시키는 길과 결제 수단인 화폐를 장악함으로써 동양 문명을 서구 자본주의 체제 아래 예속시켰습니다. 갤리온 무역은 단순히 물자가 오가는 길이 아니라, 전 세계의 자원을 서구 중심의 질서로 편입시킨 거대한 물류의 쇠사슬이었습니다.

갤리온 무역을 타고 유입된 막대한 양의 은은 세계 경제에 가격 혁명이라는 거대한 파도를 일으켰습니다. 특히 은을 화폐로 사용하던 명나라와 청나라는 이 갑작스러운 유동성의 유입 앞에 무방비로 노출되었습니다. 동양은 자신들이 만든 비단과 도자기가 서구 귀족들을 매료시킨다는 사실에 자만하며 은의 유입을 반겼으나, 사실 그것은 보이지 않는 경제적 예속의 시작이었습니다.

서구는 바닷길을 통해 은의 공급량을 조절함으로써 동양의 물가를 뒤흔들 수 있는 보이지 않는 손을 갖게 되었습니다. 경제적 헤게모니는 이제 '무엇을 잘 만드느냐?'가 아니라 '그 물건이 흐르는 길과 표준을 누가 장악하느냐?'로 완전히 이동했습니다. 이는 현대 북극항로 시대에 우리가 주목해야 할 핵심적인 교훈입니다. 쇄빙선을 만드는 하드웨어 기술보다 그 길 위에서 통용되는 국제 금융, 보험, 그리고 항행 규범 등 소프트웨어를 장악하는 것이 왜 국가의 명운을 결정짓는지 갤리온 무역의 역사는 웅변하고 있습니다.

따라서 우리는 이 관점으로 현대 북극항로의 전략적 가치를 바라볼 필요가 있습니다. 과거 스페인이 태평양의 독점 항로를 통해 세계 경제의 규칙을 만들었듯이, 오늘날 북극항로를 선점하려는 시도는 단순히 운송비를 아끼려는 차원을 넘어 전 세계 에너지와 자원의 흐름을 통제하려는 공급망 안보의 주도권 싸움입니다. 길을 독점하는 자가 부의 배분 권한을 갖는다는 역사의 비정한 원리는 500년 전 갤리온의 돛대 아래서 이미 완성되었다는 사실을 기억해야 합니다.

기술적 오만과 감각의 전이

마닐라 갤리온 무역에 투입된 선박들은 당대 서구 공학 기술의 결정체였습니다. 수천 킬로미터의 망망대해를 횡단하기 위해 갤리온선은 거대한 선체와 견고한 다층 구조를 갖추었으며, 수십 문의 대포로 무장한 요새화된 상선이었습니다. 동양의 나침반과 화약 기술은 이제 서구의 손에서 더욱 파괴적이고 효율적인 도구로 진화하여, 거꾸로 발원지인 동양의 바다를 위협하는 무기가 되었습니다.

서구인들은 이 배를 통해 지구의 공간을 통제 가능한 데이터로 치환했습니다. 그들에게 바다는 더 이상 신비로운 경외의 대상이 아니라, 정복하고 관리해야 할 효율의 공간이었습니다. 이러한 공학적 태도는 오늘날 북극의 만년빙을 뚫고 지나가는 현대의 쇄빙선의 개념으로 고스란히 이어집니다. 자연의 장애물을 기술로 압도하여 이윤의 통로로 바꾸려는 집요한 본능은 500년 전 태평양을 가로지르던 갤리온선의 항적 속에 이미 깊이 각인되어 있었습니다.

독이 된 무역, 아편과 해상 질서의 변질

갤리온 무역이 은(銀)을 통해 동양의 경제를 서구 자본주의 시스템의 그물망 안으로 끌어들였다면, 19세기 영국이 주도한 아편 무역은 거대 문명, 청나라를 향해 던진 치명적인 독수(毒手)였습니다. 당시 영국은 중국의 차(茶)를 수입하기 위해 막대한 양의 은을 지불해야 했고, 이로 인해 발생한 극심한 무역 적자를 해소하기 위해 식민지 인도에서 재배한 아편을 중국에 강제로 유통시키기 시작했습니다.

길의 문명이라는 시각에서 보면, 아편 무역은 길의 성격이 상생과 교류에서 약탈과 폭력으로 완벽하게 변질되었음을 상징합니다. 길은 더 이상 지혜를 나누는 통로가 아니라, 한 문명의 정신과 육체를 황폐화시켜 자본의 이익을 취하는 거대한 흡혈귀가 되었음을 의미합니다. 아편이 흐르던 그 바닷길은 중국의 마지막 자존심을 갉아먹는 침식의 경로였으며, 이는 바다를 선점한 서구가 도덕적 가치보다 자본의 효율성을 우선시했을 때 어떤 인류사적 비극이 발생하는지를 여실히 보여줍니다.

이러한 역사적 배경은 오늘날 북극항로의 환경 윤리 및 지속 가능성 담론과 밀접하게 맞닿아 있습니다. 과거 서구가 아편이라는 독물을 실어 나르며 타자의 사회 질서를 무너뜨렸듯이, 오늘날 우리가 눈앞의 경제적 이익만을 쫓아 북극의 차가운 바다에 생태적 재앙을 실어 나른다면, 그것은 21세기판 '생태적 아편 무역'이 될 위험이 있습니다. 길을 여는 주권에는 그 길을 통과하는 물질이 지구촌 전체에 미칠 영향에 대한 무거운 도덕적 책임이 뒤따른다는 사실을 우리는 이 뼈아픈 역사 속에서 배워야 합니다.

아편전쟁과 기술 헤게모니의 역습

1840년 발발한 아편전쟁은 단순히 두 나라의 군사적 충돌이 아니었습니다. 그것은 대륙의 길에 머물러 있던 고대 농경 문명과 바다의 길을 제패하고 온갖 기술적 유산을 축적한 근대 산업 문명이 정면으로 부딪친 문명사적 대폭발이었습니다. 영국의 최신예 증기 철갑선 네메시스(Nemesis)호가 중국의 목조 정크선들을 유린하며 양쯔강을 거슬러 올라갔을 때, 수천 년간 지속된 동양 우위의 시대는 마침내 종말을 고했습니다.

그때 네메시스호는 단순히 파괴적인 군함이 아니라, 바다를 정복한 서구의 공학적 헤게모니가 물리적으로 형상화된 실체였습니다. 앞에서 살펴보았던 동양의 나침반과 화약 기술은 이제 서구의 손에서 증기 엔진과 정교한 탄도학으로 재탄생하여, 거꾸로 그 기술의 발원지인 동양의 심장을 겨누는 비수가 되었습니다. 기술이 길을 타고 전파되어 주인에게 복수하는 이 기술적 아이러니는 현대 북극항로 시대에 우리가 주목해야 할 지점이기도 합니다.

과거 증기선이 대륙의 문을 강제로 열었듯, 이제 원자력 쇄빙선과 인공지능 항로 관제 시스템은 수만 년 동안 굳건히 닫혀 있던 북극의 성벽을 허물고 있습니다. 우리는 이 강력한 테크네가 다시는 침략과 지배의 도구로 쓰이지 않도록, 역사의 항적을 비판적으로 성찰해야 합니다. 북극의 얼음을 깨는 힘은 곧 새로운 문명의 질서를 세우는 힘이기 때문입니다.

길을 빼앗긴 문명의 말로

아편전쟁의 결과로 체결된 난징 조약은 동양의 해상 주권이 서구로 완전히 넘어갔음을 알리는 공식적인 사망 선언이었습니다. 홍콩의 할양과 주요 항구의 강제 개항은 이제 아시아의 바다가 더 이상 아시아인의 것이 아니라 서구 열강의 물류 거점이 되었음을 의미했습니다. 바다의 길(항로)을 스스로 통제하지 못한 문명은 결국 자국의 자원과 운명을 타자의 질서에 내맡겨야 한다는 비정한 지정학적 현실에 직면하게 되었습니다.

　이것이 바로 저자가 강조하고자 하는 동서양 헤게모니 역전의 종착지입니다. 정화가 스스로 바다를 포기한 순간 예견되었던 이 비극은, 갤리온 무역을 거쳐 아편전쟁에서 완성되었습니다. 길을 포기하고 안주하는 문명은 결국 그 길을 장악한 타자에 의해 지배당한다는 역사의 준엄한 법칙은 오늘날 북극해에서도 여전히 유효합니다.

　우리가 북극항로를 개척하려는 시도는 단순히 운송 거리를 줄이려는 경제적 선택만이 아닙니다. 그것은 지난 500년 동안 서구에 빼앗겼던 항로의 운영권과 표준 제정권을 되찾아오려는 21세기의 거대한 문명사적 복원 작업입니다. 만약 우리가 북극항로라는 새로운 주권의 영역을 소홀히 한다면, 우리는 또다시 타인이 그어 놓은 보이지 않는 해상 경계선 안에서 예속된 항해를 반복하게 될 것입니다.

　결국 갤리온 무역과 아편전쟁은 우리에게 바다를 다스리는 자가 세계의 운명을 결정한다는 냉철한 진실을 남겼습니다. 서구는 바다를 통해 부를 축적하고 권력을 휘둘렀으며, 동양은 그 길 위에서 씻을 수 없는 상처를 입었습니다. 하지만 인류의 역사는 여기서 멈추지 않습니다. 상처를 입어본 문명만이 진정한 상생의 가치를 이해할 수 있기 때문입니다.

　이제 우리는 서구의 지배를 완성시켰던 그 바닷길을 지

나, 서구가 바다를 통해 얻은 지배의 힘을 어떻게 시스템과 가치로 승화시켰는지, 그리고 그 과정에서 탄생한 근대적 유산들이 어떻게 오늘날 북극항로의 밑거름이 되었는지 살펴봐야 합니다.

| 2-5절   대항해 시대의 유산과 근대적 가치의 탄생 |

우리는 앞서 바다의 길을 선점한 유럽이 어떻게 동양의 경제를 잠식하고, 마침내 아편전쟁이라는 파국을 통해 헤게모니의 역전을 완성했는지 목격했습니다. 하지만 대항해 시대가 남긴 흔적은 단순히 정복과 피지배의 상처에만 머물지 않습니다. 이 격동의 시기는 인류 문명의 운영 체제(OS) 자체를 근본적으로 뒤바꾼 거대한 유산들을 남겼습니다.

서구가 동양을 압도할 수 있었던 힘은 단순히 더 큰 배와 강력한 대포에서 나온 것만은 아니었습니다. 그것은 바다라는 미지의 공간을 개척하며 정립한 새로운 경제적 질서, 생물학적 변화, 그리고 지식의 체계로부터 비롯되었습니다. 그럼 이제 현대 문명의 근간이 된 이 결정적 가치들이 어떻게 탄생했으며, 그것이 오늘날 북극항로를 마주한 우리에게 어떤 전략적 시사점을 던지는지 성찰해 봅니다.

콜럼버스의 교환과 문명의 체급 변화

대항해 시대가 가져온 또 하나의 근본적이고 보이지 않는 유산은 인류 역사상 유례없는 생태학적 대이동인 '콜럼버스의 교환(Columbian Exchange)'입니다. 바닷길이 열리자 대륙과 대양 사이에 가로막혀 있던 생명의 경계선이 무너졌습니다. 아메리카에서 건너온 감자, 옥수수, 고구마는 척박한 땅에서도 잘 자라는 생명력으로 유럽과 아시아의 고질적인 기아 문제를 해결했습니다.

또한, 이 교환은 동서양의 문명적 체급을 결정적으로 바꾸어 놓았습니다. 풍부한 칼로리 공급은 인구 폭발을 가능케 했고, 이는 곧 산업 혁명을 뒷받침할 노동력과 군사력의 기반이 되었습니다. 하지만 이 길은 생명력뿐만 아니라 파멸의 씨앗도 함께 실어 날랐습니다. 구대륙의 전염병은 면역력이 없던 원주민 문명을 절멸시켰고, 길은 인류사에서 가장 비정한 생물학적 침공의 경로가 되기도 했습니다.

북극항로의 생태적 책임을 다시금 떠올리게 됩니다. 과거 콜럼버스의 교환이 의도치 않은 생태계 교란을 가져왔듯이, 오늘날 북극의 문을 여는 행위는 수만 년간 고립되어 있던 극지 생태계와 현대 문명을 직접적으로 연결하는 일입니다. 길을 여는 자는 그 길을 통해 이동하는 '보이지 않는 생명과 독성'에 대해서도 책임을 져야 한다는 사실을 역사는 웅변하고 있습니다.

주식회사와 리스크의 공학

대항해 시대의 거친 바다는 현대 자본주의 시스템이 잉태된 거대한 요람이었습니다. 원거리 항해는 막대한 이익을 약속했지만, 난파나 해적의 습격이라는 치명적인 리스크를 내포하고 있었습니다. 이 불확실성을 극복하기 위해 인류는 주식회사와 현대적 금융·보험 시스템이라는 혁신적인 도구를 발명했습니다.

1602년 설립된 네덜란드 동인도회사는 세계 최초로 주식을 발행하여 대중의 자본을 모으고 리스크를 분산했습니다. 이제 권력의 중심은 토지를 소유한 귀족에서 자본을 굴리고 길을 설계하는 상인과 투자자로 이동하기 시작했습니다. 자본주의는 단순히 돈을 버는 기술이 아니라, 미래의 위험을 현재의 가치로 계산하여 통제하는 공학이었습니다. 서구가 동양의 거대 제국들을 무너뜨릴 수 있었던 진정한 무기는 화약보다도, 전 세계의 부를 효율적으로 끌어 모아 목적지에 투사하는 이 정교한 금융의 신경망에 있었습니다.

이러한 역사적 배경은 북극항로 시대의 '소프트웨어 주권' 문제를 관통합니다. 오늘날 북극해를 지배하는 것은 쇄빙선을 가진 국가만이 아닙니다. 그 길 위에서 벌어지는 거대한 물류의 흐름을 보증하는 보험사, 자금의 결제를 담당하는 금융망, 그리고 항행의 안전 규범을 제정하는 국제기구가 실질적인 길의 주인입니다. 한국이 북극항로의 주도권을 쥐기 위해서는 쇄빙선을 만드는 하드웨어를 넘어, 자본주의의 유산인 금융과 표준이라는 소프트웨어의 길을 로마 가도처럼 견고하게 닦아야 할 이유입니다.

지식 혁명, 권위의 도서관에서 경험의 바다로

가장 보이지 않지만 강력했던 변화는 인류의 사고방식에서 일어났습니다. 대항해 시대 이전, 유럽의 지식 체계는 성경과 고대 권위자들의 기록에 절대적으로 의존했습니다. 중세인들에게 진리란 이미 책 속에 적혀 있는 것이었습니다. 그러나 탐험가들이 직접 보고 겪은 새로운 세계는 기존의 지식으로 설명할 수 없는 것들이 너무 많았습니다.

성경에도 나오지 않는 거대한 대륙과 기이한 생명체들은 기존의 권위에 치명적인 균열을 냈습니다. "내가 직접

보았다"는 경험적 고백이 "책에 그렇게 적혀 있다"는 권위를 압도하기 시작한 것입니다. 이는 훗날 과학 혁명과 계몽주의로 이어지는 인식의 대전환을 예고하는 전주곡이었습니다. 인간은 이제 신의 섭리에만 의존하던 수동적인 존재에서, 자신의 발로 세상을 측정하고 이해하고 대응하려는 능동적인 주체, 즉 호모 파베르(Homo Faber, 도구의 인간)로 거듭났습니다.

이 인식론적 전환은 오늘날 북극항로를 향한 디지털 나침반의 철학적 토대가 됩니다. 과거의 항해사들이 경험을 통해 지도를 그렸듯, 우리는 이제 인공지능과 위성 데이터를 통해 북극이라는 새로운 현실을 실시간으로 측정하고 해석하고 있습니다. 길은 언제나 인간의 인식만큼 넓어집니다. 500년 전 시작된 이 지적 모험은 이제 지구의 정수리를 뚫고 미래 문명의 새로운 지도를 그리는 마지막 단계를 향해 나아가고 있습니다.

민주주의와 인권의 씨앗

대항해 시대가 인류에게 선사한 뜻밖의 유산은 바로 '자유'와 '개인'의 발견입니다. 대륙의 길들이 황제나 영주의 엄격한 통제 아래 있었던 것과 달리, 망망대해는 그 어떤 절대

권력도 완벽하게 지배할 수 없는 해방의 공간이었습니다. 거친 파도 앞에서 귀족의 혈통은 무력했고, 오직 항해술을 가진 자와 위기 앞에서 결단력을 발휘하는 자만이 살아남을 수 있었습니다.

이러한 해상의 경험은 유럽 사회에 계약에 기초한 질서라는 민주주의적 가치를 심어주었습니다. 선원들은 생사를 같이하는 공동체로서 서로의 역할을 존중했고, 이는 훗날 시민 사회의 자치 정신으로 이어졌습니다. 특히 바다를 통해 부를 축적한 신흥 상인 계급(부르주아)은 경제적 자유를 넘어 정치적 권리를 요구하기 시작했습니다.

우리는 이 지점에서 현대 북극항로의 '항행의 자유(Freedom of Navigation)' 담론을 떠올리게 됩니다. 과거 대양 개척자들이 절대왕정의 규제를 뚫고 자유로운 무역로를 확보하려 했듯이, 오늘날 북극해를 지나는 국제 사회의 선박들은 특정 국가의 과도한 주권 행사로부터 자유로운 통항권을 요구하고 있습니다. 500년 전 바다에서 싹튼 자유의 가치는 이제 지구의 북단을 관통하는 항로 위에서 '보편적 권리'와 '국가 주권'이 충돌하는 새로운 문명사적 시험대로 진화했습니다.

근대 국제법의 탄생, 자유해의 철학

바다의 길을 둘러싼 갈등이 깊어지자, 인류는 무력이 아닌 규범으로 이 갈등을 해결하려는 지적 노력을 시작했습니다. 17세기 네덜란드의 법학자 휴고 그로티우스(Hugo Grotius)가 주창한 '자유해(Mare Liberum)' 원칙은 현대 국제 해양법의 근간이 되었습니다. 그는 "바다는 공기와 같아서 누구도 독점할 수 없으며, 모든 인류에게 열려 있어야 한다"고 선언했습니다.

이 선언은 단순히 항로를 열어두자는 주장이 아니었습니다. 그것은 영토 중심의 닫힌 문명을 항로 중심의 열린 문명으로 전환하라는 시대적 요청이었습니다. 서구가 동양의 제국들을 압도할 수 있었던 것은 단순히 총포의 힘이 아니라, 전 세계를 하나의 규범적 질서로 묶어낸 이 소프트웨어적 헤게모니 덕분이었습니다.

오늘날 우리가 북극항로를 운영하기 위해 준수하는 유엔 해양법 협약(UNCLOS)이나 북극 이사회의 규범들은 모두 이 자유해 정신의 후예들입니다. 하지만 러시아가 북동항로를 자국의 내해로 규정하려는 시도는 400년 전 그로티우스가 맞서 싸웠던 '폐쇄해(Mare Clausum)' 논리의 부활이기도 합니다. 길을 둘러싼 규범의 전쟁은 로마 시대부터 대항해 시대를 거쳐, 이제 북극의 차가운 바다 위에서 인류 지성사의 새로운 페이지를 요구하고 있습니다.

왜 동양은 서양에 주도권을 내주었는가?

우리는 다시 한번 동서양 헤게모니 역전의 근본 원인을 성찰해야 합니다. 정화의 대 함대가 보여주었듯, 동양은 서구보다 먼저 거대한 배를 만들었고 나침반이라는 핵심 기술도 보유하고 있었습니다. 하지만 동양에는 바다를 통해 얻은 경험을 자본주의 시스템(주식회사)으로 치환하고, 이를 지식 혁명(경험주의)과 정치적 혁명(민주주의)으로 연결하는 '문명적 연쇄 고리'가 부재했습니다.

서구는 바닷길을 개척하며 개인의 욕망을 시스템의 동력으로 전환하는 법을 배웠습니다. 리스크를 분산하는 보험을 만들고, 투자를 유도하는 금융망을 깔았으며, 경험을 통해 지도를 끊임없이 수정했습니다. 반면, 거대 대륙의 질서에 안주했던 동양 문명은 바다를 그저 정적인 경계로만 인식했습니다. 결국 헤게모니의 추는 '무엇을 발명했느냐'가 아니라 '그 기술을 어떤 시스템으로 운용했느냐'에서 결정되었던 것임을 깨달아야 합니다.

대지의 지도를 다시 조각하는 인류

결국 대항해 시대의 진정한 유산은 금이나 은이 아니었습니다. 그것은 공간을 인식하고 지배하는 새로운 방식의 정립이었습니다. 인류는 이제 자연이 허락한 길에 만족하지 못하는 존재가 되었습니다. 지도를 완성한 호모 파베르(Homo Faber)의 욕망은 이제 더 효율적인 길을 위해 지구의 지형 자체를 변형시키려는 도발적인 상상으로 이어집니다.

우리는 이제 서구 문명이 바다의 지배권을 공고히 하기 위해 수행했던 가장 거대한 공학적 도전, 즉 대지의 허리를 끊어 바다와 바다를 물리적으로 연결한 운하의 역사로 발걸음을 옮깁니다. 수에즈와 파나마에서 벌어진 시공간 압축의 드라마는, 오늘날 우리가 북극항로를 통해 구현하려는 '길의 혁명'이 어떤 시련과 승리를 거쳐왔는지 보여주는 거울이 될 것입니다.

| 2-6절   대지의 허리를 끊어 바다를 잇다 |

인류가 대항해 시대를 통해 자연이 허락한 바닷길을 탐험하고 그 위에서 근대적 시스템을 정립했다면, 19세기는 인

간이 직접 대지의 지형을 바꾸어 새로운 물길을 창조해 낸 운하(Canal)의 시대였습니다. 이전의 길들이 대지의 굴곡에 순응하거나 바다의 흐름을 따르는 적응의 산물이었다면, 운하는 대륙의 허리를 물리적으로 끊어 바다와 바다를 잇는 정복의 산물이었습니다. 이는 지리적 숙명을 인간의 의지로 돌파하려 했던 가장 과감한 도발이자, 지구의 시공간 개념을 근본적으로 재편한 공학적 승리였습니다.

고대의 꿈 코린토 운하

운하를 향한 갈망은 근대의 발명품이 아닙니다. 그것은 자연이 그어 놓은 경계선을 넘어서려는 인류의 아주 오래된 본능이었습니다. 그 대표적인 상징이 바로 그리스의 코린토 운하(Corinth Canal)입니다. 펠로폰네소스 반도와 그리스 본토를 잇는 좁은 지협을 뚫어 이오니아해와 에게해를 연결하려는 시도는 이미 기원전 7세기부터 시작되었습니다.

고대 그리스의 참주 페리안드로스부터 로마의 네로 황제에 이르기까지, 수많은 권력자가 이곳에 칼을 들이댔습니다. 특히 네로 황제는 6,000명의 노예를 동원해 직접 금 곡괭이로 첫 삽을 떴다는 전설적인 기록을 남기기도 했습니다. 하지만 단단한 석회암 암반과 당대 기술력의 한계로 인해 이 신의 영역을 침범하는 행위는 번번이 좌절되었습니다.

결국 이 꿈이 실현된 것은 그로부터 약 2,000년이 지난 1893년이었습니다. 인문학적으로 볼 때, 코린토 운하는 인간의 테크네가 지리적 단절을 끝내 이겨낸 인내의 기록입니다. 비록 규모는 작지만, 수직으로 깎인 거대한 절벽 사이를 지나는 배의 모습은 자연의 금제(禁制)를 무너뜨린 인간 지성의 오만한, 동시에 숭고한 자부심을 보여줍니다. 이러한 집념은 훗날 인류가 북극의 만년빙이라는 더 거대한 장벽에 도전하게 만드는 정신적 유전자가 되었습니다.

제국의 생명선 수에즈 운하와 시간의 정복

코린토 운하가 고대의 열망을 실현한 사건이었다면, 1869년 개통된 수에즈 운하(Suez Canal)는 현대 문명의 물리적 속도를 근본적으로 가속화한 혁명이었습니다. 프랑스의 페르디낭 드 레셉스가 주도한 이 거대 프로젝트는 아프리카 대륙 전체를 우회해야 했던 지리적 제한으로부터 인류를 해방시켰습니다.

10년의 공사 기간 동안 투입된 150만 명의 노동력은 기계가 아닌 삽과 바구니로 광활한 사막에 물길을 열었습니다. 수에즈 운하의 개통으로 런던에서 인도 뭄바이까지의 항로는 기존 희망봉 경로보다 약 8,000km가량 비약적으로 단축되었습니다. 이는 단순히 거리의 압축이 아니었습니다. 일정한 속도로 달리는 증기선의 시대를 만개하게 함으로써, 물류의 예측 가능성을 확보한 사건이었습니다.

우리는 이 지점에서 현대 북극항로의 경제적 필연성을 다시금 발견합니다. 과거 수에즈 운하가 아프리카를 돌아가던 구시대를 종언시켰듯, 이제 북극항로는 수에즈 운하보다 거리를 약 33% 더 단축하며 인류에게 또 다른 시간의 정복을 제안하고 있습니다. 사막을 파헤쳐 길을 냈던 19세기의 투지가, 이제는 얼음을 뚫어 길을 내려는 21세기의 공학적 야심으로 이어지고 있는 셈입니다.

전략 자산이 된 인공 물길

운하의 시대는 길이 곧 권력이라는 사실을 전 세계에 더욱 각인시켰습니다. 영국은 자국의 핵심 식민지인 인도로 향하는 이 제국의 생명선을 장악하기 위해 운하 주식을 매입하고 군대를 주둔시켰습니다. 길은 이제 단순한 통로가 아니라, 강대국들이 패권을 유지하기 위해 반드시 점령해야 할 전략적 요새가 된 것입니다.

이러한 역사적 맥락은 현대 북극항로를 둘러싼 지정학적

갈등과 묘하게 겹칩니다. 러시아가 북동항로를 자국의 내해처럼 통제하려 하고, 미국이 이에 맞서 항행의 자유를 주장하는 모습은 19세기 수에즈를 두고 벌어진 열강들의 각축전과 본질적으로 같습니다. 인공적으로 조성된 길이든, 자연적으로 열리는 길이든, 인류는 여전히 더 빠른 길을 주권의 연장선으로 보고 있습니다.

운하의 역사가 우리에게 주는 뼈아픈 교훈은, 인간이 창조한 길은 언제든 분쟁의 화약고가 될 수 있다는 점입니다. 삽으로 뚫은 운하가 제국주의의 도구가 되었듯이, 지구가 열병으로 열어준 북극의 물길 또한 누군가의 독점적인 패권 도구가 될 위험을 내포하고 있습니다. 우리는 이제 이러한 인위적 개척의 역사를 넘어, 파나마 운하가 보여준 또 다른 공학적 사투와 병목 현상의 경고를 통해 북극항로의 진정한 의미를 완성해 보려 합니다.

산맥을 넘는 물의 엘리베이터, 파나마 운하

수에즈가 평탄한 사막을 뚫어 수평의 거리를 압축한 평면의 도전이었다면, 1914년 완공된 파나마 운하(Panama Canal)는 해발 26m에 달하는 높이의 차이를 넘어야 했던 입체의 도전이었습니다. 인류가 자연의 지형을 단순히 파헤치는 것을 넘어, 중력과 부력의 원리를 이용해 지구의 높낮이를 조절하려 했던 이 오만한 투쟁은 문명사에서 처절한 시련의 기록이기도 합니다.

프랑스의 레셉스가 주도했던 첫 시도는 대재앙으로 끝났습니다. 작열하는 태양보다 무서웠던 것은 보이지 않는 살인자, 황열병과 말라리아였습니다. 정글의 모기들은 수만 명의 노동자를 죽음으로 몰아넣었고, 잦은 산사태는 인간이 파놓은 구덩이를 비웃듯 메워버렸습니다. 파나마의 정글은 인류가 함부로 길을 내는 것을 허락하지 않으며 대자연의 완강한 거부권을 행사였습니다.

미국이 그 바통을 이어받아 이 불가능을 가능으로 바꾼 비결은 단순한 포클레인의 힘이 아니었습니다. 그것은 의학적 혁신으로 질병을 통제하고, 갑문식(Lock System)이라는 창의적 설계를 도입한 사유의 전환에 있었습니다. 산을 깎아 평지 수로를 만드는 대신, 거대한 인공 호수를 만들고 배를 물의 엘리베이터에 태워 산 위로 끌어올리는 방식은 인간 지성이 도달한 성숙한 테크네의 요체였습니다. 이 성공은 미 대륙의 동부와 서부를 하나로 묶었으며, 미국이 대서양과 태평양을 동시에 지배하는 초강대국으로 부상하는 결정적인 지정학적 토대가 되었습니다.

효율의 덫과 병목현상의 경고

운하의 시대는 인류에게 지구의 지형을 마음대로 조작할 수 있다는 근대적 오만을 심어주었으나, 동시에 병목현상의 취약성이라는 거대한 숙제를 유산으로 남겼습니다. 수에즈와 파나마라는 좁은 바닷길에 전 세계 물류의 15~18%가 집중되면서, 이곳은 언제든 세계 경제의 신경계를 마비시킬 수 있는 치명적인 급소가 되었습니다.

우리는 최근 이 효율의 덫이 얼마나 치명적인지 목격했습니다. 2021년 발생한 초대형 컨테이너선 '에버 기븐(MV. Ever Given)호'의 수에즈 운하 좌초 사고는, 단 한 척의 배가 지구 전체의 공급망의 10%~12%를 멈춰 세울 수 있음을 증명했습니다. 일주일 남짓한 봉쇄로 인해 수백 척의 배들이 바다 위에서 발이 묶였고, 매시간 약 4억 달러 규모의 화물이 지연되는 천문학적인 손실이 발생했습니다.

또한 최근 파나마 운하가 겪은 극심한 가뭄으로 인한 지체 현상은 인공 물길의 한계를 더욱 선명하게 보여줍니다. 기후 변화로 운하를 채울 민물이 부족해지자 통과 선박 수와 적재량이 제한되면서 물류 대란이 발생되었던 것입니다. 길은 좁아졌고, 인간의 욕망은 커졌습니다. 이제 인류는 더 이상 특정 국가가 통제하고 자연의 변덕에 취약한 좁은 인공 통로에만 문명의 운명을 맡길 수 없음을 깨닫고 있으며, 이는 자연스럽게 또 다른 길에 대한 갈망으로 이어지고 있습니다.

인위적 창조에서 자연적 개방으로, 북극의 예고편

운하 이야기는 우리에게 중대한 메시지를 던집니다. 19세기의 인류가 삽과 곡괭이로 대륙의 허리를 끊어 길을 강제로 만들었다면, 21세기의 인류는 지구가 스스로 빗장을 풀고 열어준 자연의 운하인 북극항로를 마주하고 있습니다.

인문학적으로 볼 때 이는 커다란 역설입니다. 과거에는 자연을 정복해서 길을 냈으나, 지금은 인류가 망가뜨린 자연(온난화)이 그 보상인 양 새로운 길을 내주고 있기 때문입니다. 수에즈와 파나마 운하가 제국주의 확장과 물리적 정복의 혈맥이었다면, 이제 열리는 북극의 길은 환경적 책임과 전 지구적 협력이 공존해야 하는 성찰의 길입니다.

자연의 지형을 비틀어 이익을 취하던 시대는 저물고 있습니다. 수평선 너머 미지의 바다를 찾아 나섰던 대항해 시대의 열정은, 이제 지구의 정수리를 뚫고 흐르는 비트와 원자의 흐름으로 이어집니다. 우리는 이제 변화하는 지구의 흐름에 지혜롭게 올라타되, 과거 운하의 역사가 보여준 패권 다툼과 생태적 교란의 전철을 밟지 않기 위한 새로운 항해

지침을 준비해야 합니다.

　제2장의 여정을 통해 우리는 바다가 어떻게 인류의 지평을 넓히고 헤게모니를 뒤바꾸었는지 살펴보았습니다. 이제 우리는 이 뜨거운 욕망의 항적을 뒤로하고, 만년빙의 성벽에 부딪히며 피와 눈물로 북극의 지도를 그려 나갔던 불멸의 탐험가들을 만나러 발걸음을 옮깁니다. 그곳에는 기계의 힘이 아닌 인간 영혼의 순수한 의지가 빚어낸 또 다른 차원의 길이 기다리고 있습니다.

제3장　만년빙의 장벽을 뚫어낸 불멸의 항해자들

인류가 대지의 모든 지형을 파악하고 대양을 가로지르는 지도를 완성해 나갈 때에도, 지구의 가장 윗부분인 북극해는 오랫동안 미지의 암흑이자 인간의 접근을 원천적으로 거부하는 금단의 성소(禁斷의 聖所)로 남아 있었습니다. 제2장에서 우리가 목격한 운하의 역사가 삽과 곡괭이로 지형을 비틀어 길을 낸 공학적 승리였다면, 이제 우리가 마주할 북극 탐험의 역사는 인간의 물리적 힘이 닿지 않는 거대한 자연의 침묵 앞에서 오직 영혼의 의지로 길을 더듬어간 인간적 사투의 기록입니다.

인류에게 길이란 언제나 딛고 설 수 있는 단단한 대지이거나, 최소한 배를 띄울 수 있는 유동적인 물이어야 했습니다. 하지만 북극해는 땅도 바다도 아닌, 그 중간의 기묘하고도 살풍경한 상태인 '얼음'이 지배하는 공간이었습니다. 16세기 이후 유럽의 열강들이 이 얼어붙은 미로에 집착하기 시작한 이유는 명확했습니다. 그것은 단순히 지리적 호기심 때문이 아니라, 동방의 향신료와 황금으로 향하는 가장 짧은 길을 찾으려는 자본의 욕망과 제국의 야심이 결합한 필사의 질주였습니다.

북극 탐험은 인간의 도구적 이성이 자연이 쌓아 올린 가장 완고한 빙벽과 벌인 거대한 투쟁이었습니다. 탐험가들은 나침반과 육분의, 그리고 나무로 만든 연약한 배 한 척에 의지해 살을 에는 듯 차가운 만년빙의 요새 속으로 스스로를 던졌습니다. 그들에게 북극은 정복해야 할 영토이기 이전에, 인간 정신의 한계가 어디까지 인지를 시험하는 거대한 철학적 광장이었습니다.

제3장에서는 북극항로라는 거창한 경제적 이름 뒤에 가려진, 얼음 속에 박제된 항해자들의 뜨거운 숨결을 복원해 보고자 합니다. 그들이 남긴 발자취는 오늘날 우리가 고도의 알고리즘으로 계산하는 현대적 항로의 시원(始原)이자, 지구가 열병을 앓기 전 인류가 자연을 향해 보여주었던 가장 순수한 도전의 기록입니다. 이제 우리는 그 불멸의 항로를 열기 위해 난공불락의 빙벽에 명멸해간 영혼들의 이야기를 따라가 보려 합니다.

인류가 만년빙(萬年氷)의 장벽에 부딪혀 흘린 첫 번째 뜨거운 눈물은 네덜란드의 위대한 항해사, 빌럼 바렌츠(Willem Barentsz)의 궤적에 새겨져 있습니다. 16세기 후반, 해상 강국으로 부상하던 네덜란드에게 북동항로는 단순한 물길이 아니라 제국의 운명을 건 도박이었습니다. 바렌츠는 그 도박의 최전선에서 세 번이나 북쪽 바다로 돛을 올렸고, 그의 마지막 항해는 인류가 북극이라는 거대한 침묵과 마주하며 써 내려간 가장 처절하고도 숭고한 서사시가 되었습니다.

얼음 대지 위에 세운 문명의 마지막 보루

1596년 5월, 바렌츠의 세 번째 원정대는 두 척의 배를 이끌고 암스테르담을 출발했습니다. 그들의 목표는 유라시아 대륙의 북단을 돌아 중국과 일본에 닿는 것이었습니다. 하지만 북극의 자연은 인간의 항해 계획을 비웃듯 거칠게 응수했습니다. 그해 8월, 원정대는 러시아 북부의 노바야젬랴(Novaya Zemlya) 북단에서 거대한 유빙 덩어리들에 포위되고 말았습니다.

배는 사방에서 죄어오는 얼음의 압력을 견디지 못하고 비명을 지르며 서서히 일그러졌습니다. 나무로 된 선체는 종 잇장처럼 구겨졌고, 차가운 바닷물이 선실까지 차올랐습니다. 영하 40도를 밑도는 혹한 속에서 배라는 유일한 안식처를 잃는다는 것은 곧 자연의 처형을 기다리는 죄수가 된다는 의미였습니다. 하지만 바렌츠는 이 절망의 한복판에서 인간만이 가질 수 있는 독특한 생존력을 발휘하기 시작했습니다.

바렌츠와 선원들은 침몰해가는 배에 머물 수 없음을 직감하고, 부서진 배의 목재를 하나하나 뜯어내어 척박한 얼음 대지 위에 오두막을 짓기 시작했습니다. 그들이 '안전한 집(Het Behouden Huys)'이라 명명한 이 작은 건축물은 단순히 추위를 피하는 은신처가 아니었습니다. 그것은 압도적인 자연의 위력 앞에 던져진 인간 문명의 마지막 자존심이자, 삶을 포기하지 않겠다는 불굴의 의지가 형상화된 물리적 증거였습니다.

나무 틈새로 스며드는 칼바람을 막기 위해 돛의 천을 덧대고, 배에서 가져온 벽돌로 아궁이를 만들었습니다. 어떻게 보면, 이 집은 북극이라는 고립무원의 공간에 인류가 세운 최초의 사회적 질서의 공간이었습니다. 그들은 고립된 얼음 위에서도 식사 시간을 정하고, 예배를 드리고, 당번을 정해 불을 지켰습니다. 외부의 혹한은 그들의 육체를 얼어붙게 했으나, 그들이 지은 오두막의 온기는 인간이 짐승으로 전락하지 않게 지탱해 준 유일한 정신적 지주였습니다.

극야(極夜)의 공포와 사라진 시간

11월이 되자, 북극은 태양을 완전히 거두어 갔습니다. 정오에도 해가 뜨지 않는 극야(Polar Night)의 암흑이 그들을 덮쳤습니다. 수개월 동안 이어지는 어둠 속에서 시간의 감각은 무너졌고, 시계의 윤활유마저 얼어붙어 문명의 시간은 멈춰버렸습니다. 오직 여우와 북극곰의 울음소리만이 문밖을 맴도는 눈의 감옥에서, 선원들은 괴혈병과 굶주림에 하나 둘 쓰러져갔습니다.

하지만 이 잔인한 고독 속에서도 바렌츠는 결코 포기하지 않았습니다. 그는 얼어붙은 손가락으로 매일 일지를 적어 내려가며, 이 어둠이 끝날 것이라는 희망을 동료들에게 주입했습니다. 우리는 이 지점에서 훗날 북극항로를 개척하게 될 인류의 가장 원초적인 에너지를 발견합니다. 그것은 기계의 힘이 아니라, 보이지 않는 길을 끝까지 개척하려 했던 인간의 위대한 집념이었습니다.

기록이라는 최후의 항전

극야의 암흑 속에서 시계마저 멈춰버렸을 때, 바렌츠는 펜을 들어 문명의 시간을 연장하기 시작했습니다. 그는 얼어붙은 손가락으로 매일 항해 일지를 적어 내려갔습니다. 그가 기록한 것은 단순히 얼음의 두께나 바람의 방향 같은 수치로만 한정할 수 없는 것이었습니다. 그것은 '우리는 여전히 인간이며, 우리는 포기하지 않는다'는 존재의 선언이었습니다.

이 기록 행위는 죽음의 공포에 맞선 고도의 정신적 항전(抗戰)이었습니다. 내가 누구인지, 우리가 어디에 있는지, 그리고 우리가 무엇을 위해 이곳에 왔는지를 증명하는 기록이야말로 어둠 속에서 인간을 짐승으로 전락하지 않게 지탱해준 유일한 등불이었기 때문입니다. 그가 남긴 꼼꼼한 기상 관측과 해안선 묘사는 훗날 지도가 탐험가들의 상상이 아닌 정교한 데이터로 치환되는 결정적 계기가 되었습니다.

오늘날의 알고리즘이 학습하는 방대한 극지 데이터의 가장 깊은 밑바닥에는 400여 년 전 바렌츠가 목숨과 맞바꾸며 기록한 저 처절한 아날로그 일지들이 자리 잡고 있습니다. 기술의 정점이라 불리는 현대의 항로 관제 시스템은, 사실 얼어붙은 잉크로 쓴 바렌츠의 영혼 위에 세워진 거대한 건축물인 셈입니다. 현대의 북극항로를 인도하는 인공지능(AI)이 여기서 시작한 것입니다.

얼음 속에 남긴 마지막 항적, 길 위에서 잠들다

1597년 6월, 긴 겨울을 견뎌낸 얼음이 조금씩 갈라지기 시작하자 생존자들은 결단을 내렸습니다. 배는 이미 복구 불가능할 정도로 파손되었기에, 그들은 작은 보트 두 척에 몸을 싣고 남쪽으로의 탈출을 감행했습니다. 하지만 이미 괴혈병과 굶주림으로 쇠약해질 대로 쇠약해진 바렌츠에게 북극의 바다는 끝내 고향으로 가는 길을 허락하지 않았습니다.

탈출을 시작한 지 일주일 만에 바렌츠는 노바야젬랴의 차가운 바다 위에서 생을 마감했습니다. 기록에 따르면 그는 숨을 거두기 직전까지도 자신이 작성한 해도를 검토하며 동료들이 무사히 귀환할 수 있도록 길을 안내했다고 합니다. 그는 비록 물리적인 항로의 끝에 닿지는 못했으나, 자신의 죽음으로 항로의 '지리학적 진실'을 완성했습니다. 그가 눈을 감은 그 바다는 훗날 그의 이름을 따서 '바렌츠해(Barents Sea)'로 명명되었습니다. 길이란 단순히 지도 위의 선이 아니라, 자연의 가장 차가운 거부 앞에서 인간의 가장 뜨거운 열망이 빚어낸 영혼의 항적임을 그는 죽음으로써 증명했던 것입니다.

박제된 시간의 부활, 270년 만의 조우

바렌츠의 서사가 인류 문명사에 던지는 마지막 경외감은 그가 떠난 지 270년이 지난 1871년에 일어났습니다. 노르웨이의 물개 잡이 어선이 우연히 노바야젬랴 북단에서 그들이 머물렀던 '안전한 집'을 발견한 것입니다. 북극의 혹독한 추위는 놀랍게도 그곳의 모든 것을 보존해 놓았습니다.

집 안에는 그들이 사용했던 시계, 옷가지, 책, 그리고 무엇보다 바렌츠가 마지막 순간까지 품고 있었을 항해 일지가 시간이 멈춘 듯 온전한 모습으로 남아 있었습니다. 2세기가 넘는 시간 동안 얼음 속에 보관되었던 문명의 조각들은 인류에게 "길을 향한 의지는 결코 소멸하지 않는다"는 무언의 메시지를 전해주었습니다. 이 발견은 근대 고고학뿐만 아니라 기후학적으로도 엄청난 가치를 지니는 사건이었으며, 과거와 현재를 잇는 지식의 타임캡슐이 열린 순간이었습니다.

지름길의 밑바닥에 깔린 인간의 숨결

우리는 북극항로를 '문명의 지름길'이라 부르며 찬미할 때, 그 길의 밑바닥에 바렌츠와 같은 선구자들이 흘린 피와 기록의 정수가 깔려 있음을 잊지 말아야 합니다. 오늘날 우리가 누리는 시공간 압축의 혜택은 사실 얼음 장벽에 부딪혀 명멸해간 탐험가들의 위대한 실패가 켜켜이 쌓여 만들어 놓은 장렬한 도전의 결과물인 것입니다.

바렌츠의 사투는 우리에게 묻습니다. 자연이 우리에게 허락하지 않았던 길을 우리는 과연 어떤 마음가짐으로 지나가야 하는지를 말입니다. 선구자들의 불멸의 기록을 품고, 이제 우리는 아날로그적 의지가 자연의 거대함과 조우하여 일구어낸 또 다른 성취, 로알 아문센의 유연한 도전을 향해 발걸음을 옮겨보고자 합니다. 그곳에는 기계의 힘이 아닌, 자연의 언어를 배우며 길을 열었던 또 다른 차원의 지혜가 기다리고 있습니다.

| 3-2절 극지의 지혜로 인내의 결실을 맺은 로알 아문센 |

빌럼 바렌츠가 차가운 노바야젬랴의 얼음 속에 문명의 일지를 남기고 사라진 지 약 300여 년의 세월이 흘렀습니다. 그사이 인류는 대영제국의 자존심을 건 수많은 원정대를 북쪽으로 보냈으나, 북서항로(Northwest Passage)는 여전히 배들을 삼키는 거대한 미로이자 인간의 접근을 불허하는 죽음의 공간으로 남아 있었습니다. 이 난공불락의 성채를 마침내 돌파한 인물은 노르웨이의 로알 아문센이었습니다. 그의 성공은 강력한 증기 엔진이나 거대한 철갑선의 승리가 아니었습니다. 그것은 북극이라는 대자연의 리듬에 자신의 숨결을 맞춘 겸허한 인내와 유연한 지성이 일궈낸 문명사적 쾌거였습니다.

작음이 거대함을 이기다

1903년 6월, 아문센이 북서항로 개척을 위해 선택한 배는 불과 47톤급의 작은 청어 잡이 목조선 요아(Gjoa)호였습니다. 이는 당시 영국 해군이 수백 톤 급의 거함과 수백 명의 선단을 꾸려 북극으로 향했던 방식과는 완전히 궤를 달리하는 것이었습니다. 아문센은 앞선 존 프랭클린의 원정대가 거대한 배와 서구식 보급품에만 의존하다가 얕은 수로와 유빙의 덫에 걸려 비극적인 최후를 맞이한 교훈을 뼈아프게 새겼습니다.

그는 북서항로의 복잡한 미로를 통과하기 위해서는 무거운 덩치보다 유연하게 움직일 수 있는 가벼움이 필요하다는 사실을 간파했습니다. 이는 기술적 우월함을 앞세워 자연을 정복하려는 근대적 오만함을 내려놓고, 자연이 허락한 좁은 틈새를 따라 겸손하게 나아가겠다는 철학적 선택이었습니다.

요아호의 작은 돛은 거대 제국들이 보지 못했던 북극의 세밀한 결을 읽어내는 정밀한 도구였습니다. 오늘날 우리가 북극항로를 통과하기 위해 거대한 원자력 쇄빙선을 만들면서도, 한편으로는 현대적 테크네를 활용하여 가장 저항이 적은 정밀한 경로를 탐색하는 것은 사실 아문센이 요아호를 통해 보여주었던 유연한 항로 설정의 현대적 계승이라 할 수 있습니다.

얼어붙은 땅의 스승들, 네칠릭 이누이트와의 조우

아문센의 항해에서 가장 빛나는 대목은 킹 윌리엄섬에서 보낸 2년의 시간입니다. 그는 항로가 열리기를 기다리며 얼음 속에 갇혀 있던 기간을 단순한 정체기가 아닌 학습의 시간으로 전환했습니다. 그는 그곳의 진정한 주인인 네칠릭 이누이트(Netsilik Inuit)족과 함께 생활하며 그들의 생존 기술을 집요하게 관찰하고 습득했습니다.

이는 서구의 탐험가가 원주민을 교화의 대상이나 미개한 타인이 아닌, 극한의 환경에서 살아남는 법을 터득한 생존의 스승으로 모신 이례적인 사건이었습니다. 아문센은 이누이트의 언어를 배우고 그들의 사회적 유대감을 경험하며, 인간이 자연과 충돌하지 않고도 얼마나 존엄하게 공존할 수 있는지를 몸소 체험했습니다. 길을 낸다는 것은 단순히 물리적인 통로를 확보하는 행위를 넘어, 그 땅에 먼저 뿌리내린 지혜를 존중하고 받아들이는 지적 겸손에서 시작된다는 사실을 아문센은 역사를 통해 증명했습니다.

가죽옷과 날고기의 생존 술

아문센은 영국 원정대가 고수했던 유럽식 모직 코트가 땀에 젖으면 금세 얼어붙어 선원들의 체온을 앗아가는 치명적인 흉기가 된다는 사실을 발견했습니다. 그는 미련 없이 서구의 복식을 버리고 이누이트의 방식대로 순록 가죽옷을 입었습니다. 헐렁하게 설계된 가죽옷은 피부와 옷 사이에 따뜻한 공기층을 형성했고, 땀을 배출하면서도 체온을 유지하는 완벽한 천연 방한복이 되었습니다.

또한 그는 서구식 통조림이 초래하는 괴혈병의 공포로부터 선원들을 구하기 위해, 이누이트들처럼 비타민이 풍부한 생선과 바다표범의 날고기를 섭취하는 법을 익혔습니다. 기계 엔진보다 믿음직한 개 썰매 운용법을 숙달하여 눈 위에서의 이동권을 확보한 것도 이누이트로부터 얻은 값진 유산이었습니다.

이러한 선택들은 인문학적으로 볼 때, 문명의 관성을 극복하고 환경적 진실에 다가간 호모 파베르의 유연한 응전이었습니다. 아문센이 받아들인 전통 지식은 북극이라는 가혹한 장벽 앞에서 서구 공학이 도달하지 못한 실천적 지혜(Phronesis)의 결정체였습니다. 그는 정복자의 칼을 내려놓고 학습자의 펜을 든 덕분에, 수천 명의 희생자를 냈던 북서항로의 마지막 빗장을 열 수 있는 자격을 얻게 된 것입니다.

북서항로로 대양을 잇다

2년여의 인내 섞인 학습 끝에 얼음이 길을 내어주자, 아문센과 요아호는 다시 움직이기 시작했습니다. 1905년 8월, 그들은 마침내 캐나다 북부의 미로 같은 군도를 빠져나와 서쪽 바다로 접어들었습니다. 그리고 얼마 뒤, 수평선 너머에서 샌프란시스코에서 온 포경선을 발견했습니다. 그것은 태평양의 물결이 북극의 얼음을 뚫고 연결되었음을 알리는 인류사적 조우였습니다. 아문센은 일기에 "북서항로가 뚫렸다!"라고 짧지만 강렬하게 기록하며, 수백 년간 수많은 목숨을 앗아간 백색의 미로가 마침내 정복되었음을 선언했습니다.

1906년 8월, 요아호가 베링 해협(Bering Strait)을 통과했을 때, 세계는 경악했습니다. 대영제국의 거함들도 해내지 못한 일을 노르웨이의 작은 목조선이 단 한 명의 희생자도

없이 완수했기 때문입니다. 아문센의 승리는 단순히 지리적 발견을 넘어 길을 대하는 인간의 자세에 대한 코페르니쿠스적 전환을 의미했습니다. 그는 자연을 굴복시켜야 할 대상이 아니라, 그 속으로 스며들어 조화를 이루어야 할 거대한 질서로 보았습니다. 아문센이 연 빗장은 단절되었던 대양을 하나로 묶었으며, 이는 인류가 지구라는 행성의 전체 구조를 온전히 이해하게 된 지적 완성이기도 했습니다.

적응이라는 가장 강력한 기술

아문센의 항해는 우리에게 진정한 기술이란 무엇인가? 라는 질문을 던집니다. 산업 혁명 이후 서구 문명은 더 크고, 더 빠르고, 더 강한 기계를 만드는 것을 기술의 진보로 여겼습니다. 하지만 북극의 만년빙은 그러한 물리적 힘을 비웃듯 거대한 함선들을 부수어 버렸습니다. 아문센은 여기서 기계적 힘을 과시하는 대신, 환경의 요구에 순응하는 적응의 기술을 선택했던 것입니다.

그가 이누이트에게 배운 가죽옷과 날고기 섭취 그리고 개썰매 운용은 미개한 관습이 아니라 극한의 자연에서 도출된 가장 세련된 공학적 해법이었습니다. 이는 지식의 오만을 버리고 현장의 지혜를 수용한 결과였습니다. 아문센은 적응이 곧 정복임을 몸소 실증한 성숙한 호모 파베르의 전형이었습니다. 오늘날 우리가 북극항로를 개척하며 마주하는 수많은 기술적 난제들 또한, 단순히 쇄빙선의 마력을 높이는 것보다 북극의 미세한 기후 변화와 생태적 흐름을 얼마나 정교하게 읽어내는지에 그 성패가 달려 있습니다. 아문센의 항적은 100년이 지난 지금도 우리가 가야 할 길의 본질을 웅변하고 있습니다.

아날로그의 정점과 디지털 항로의 기원

아이러니하게도 아문센이 일구어 낸 이 장엄한 아날로그적 승리는 인류가 북극해를 통제하기 직전의 마지막 기록이 되었습니다. 오늘날 우리는 아문센이 육안으로 확인했던 항로를 인공지능과 위성 데이터를 통해 실시간으로 관측합니다. 현대의 쇄빙 선박들은 아문센이 개 썰매를 끌며 넘었던 그 빙판 아래에 무엇이 있는지, 몇 시간 뒤에 유빙이 어디로 흐를지를 알고리즘의 예지력으로 정확히 계산해냅니다.

하지만 우리가 누리는 이 고도의 디지털 항로 이면에는, 아문센이 이누이트의 썰매 위에서 흘린 땀방울과 손가락이 얼어붙는 고통 속에서도 놓지 않았던 관측의 기록들이 숨 쉬고 있습니다. 인공지능이 학습하는 데이터의 시원(始原)

은 결국 자연의 언어를 배우려 했던 한 인간의 처절한 집념이었습니다. 아문센의 항적은 기술이 아무리 고도화되더라도, 그 기술을 움직이는 근본적인 동력은 미지의 세계에 대한 경외심과 소통을 향한 갈망이라는 사실을 상기시킵니다.

지구가 열병으로 내준 길 위에서

이제 우리는 다시 한번 북극항로의 역설과 마주합니다. 아문센이 목숨을 걸고, 자연의 언어를 간신히 배우고 겨우 한 번 통과할 수 있었던 그 험난한 길은, 이제 지구가 앓고 있는 '열병(온난화)' 덕분에 너무나 무력하게 열리고 있습니다. 과거에는 인간의 영혼을 다 바쳐야 열렸던 문이, 이제는 인류의 무책임한 풍요가 빚어낸 열기로 인해 스스로 녹아내리고 있는 것입니다.

아문센의 항해는 우리에게 묻습니다. 우리는 과연 그가 가졌던 겸허한 적응의 미학을 기억하고 있는가? 아니면 지구가 고통받아 열어준 이 길을 다시금 탐욕과 지배의 무대로 전락시킬 것인가? 아문센이 북서항로를 개척하며 보여준 인문학적 성찰은, 인류세라는 위기의 항로를 지나가는 우리에게 가장 절실한 나침반이 됩니다. 길은 열렸으나, 그 길을 걸을 자격은 오직 자연을 존중하고 타자의 지혜에 귀를 기울이는 자에게만 주어지기 때문입니다.

이제 우리는 아문센이 남긴 인내의 결실을 품고, 탐험가들의 실패와 성공이 켜켜이 쌓여 완성된 현대 북극항로의 실질적인 지형도를 향해 또 발걸음을 옮겨보고자 합니다.

| 3-3절   실패의 기록이 완성한 지도 |

로알 아문센의 요아호가 태평양의 물살을 갈랐을 때, 전 세계는 불가능을 극복한 인간 의지에 찬사를 보냈습니다. 하지만 어떻게 보면 아문센의 성공은 거대한 빙산 위에 핀 단 한 송이의 꽃과 같습니다. 그 꽃이 피어날 수 있었던 토양은, 지난 수세기 동안 북극의 백색 미로 속에서 길을 잃고 굶주리며, 끝내 얼음의 일부가 되어버린 수많은 항해자의 처절한 실패였습니다. 그러기에 인류가 남긴 가장 비극적인 항적들이 어떻게 현대 문명의 정교한 지도로 변모했는지, 그 실패의 역설을 추적해 봅니다.

얼어붙은 제국의 야망, 존 프랭클린의 마지막 항해

북극 탐험사에서 가장 어둡고도 장엄한 페이지는 영국의

존 프랭클린 경과 그의 선원 129명이 흔적도 없이 사라진 1845년의 원정일 것입니다. 당시 대영제국은 산업 혁명의 자신감과 해군력의 오만을 한데 모아, 당대 최고의 기술력이 집약된 에레버스(Erebus)호와 테러(Terror)호를 북쪽으로 보냈습니다. 선체는 철갑으로 보강되었고, 3년 치의 통조림과 증기 기관까지 갖춘 그야말로 무적의 함대였습니다.

하지만 북극의 빙벽은 제국의 기술적 오만을 용납하지 않았습니다. 킹 윌리엄 섬 인근에서 얼음에 갇힌 그들은 수년간의 사투 끝에 전멸했습니다. 불행하게도 프랭클린 원정대의 비극은 '정복하려는 기술'과 '거부하는 자연'이 충돌했을 때 발생하는 가장 극단적인 파국을 상징합니다. 그들이 남긴 것은 영광의 깃발이 아니라, 얼음 속에 갇혀버린 선원들의 유골과 차가운 침묵뿐이었습니다. 그러나 이 거대한 공백은 인류 문명사에 예상치 못한 반전의 불씨를 지폈습니다.

동료애가 그려낸 정교한 해안선

사라진 영웅들을 찾기 위해 이후 수십 년간 수십 차례의 대규모 수색대가 북극으로 파견되었습니다. 아내 제인 프랭클린 여사의 눈물겨운 호소와 대영제국의 자존심이 결합하여 만들어진 이 수색 작전은, 인류 역사상 유례없는 전 지구적 구조 활동이 되었습니다. 그런데 여기서 놀라운 역설이 발생합니다.

프랭클린의 흔적을 찾기 위해 얼음 바다의 구석구석을 훑고 지나간 수색대들의 발자국이, 그 어떤 의도적인 지리학 탐험보다도 북극의 지도를 더 정교하게 채워 넣기 시작한 것입니다. 동료의 생사를 확인하려 했던 인간의 숭고한 휴머니즘이, 인류가 한 번도 가보지 못한 금단의 영역을 구체적인 지명과 수심 데이터로 변모시켰던 것입니다. 오늘날 우리가 북서항로의 복잡한 미로를 안전하게 항해할 수 있는 것은, 탐험가의 야망이 아닌 실종된 자들을 향한 동료애가 빚어낸 숭고한 결과물입니다.

오늘날의 항해사들은 모니터 위에 표시되는 최첨단 과학의 계산 결과물을 보며 항로를 결정합니다. 하지만 불과 150여 년 전까지만 해도 북극의 모든 데이터는 탐험가의 처절한 도전 그리고 목숨과 맞바꾼 희생의 결과물이었습니다. 그들이 영하 40~50도의 추위 속에서 손가락이 얼어 터지면서도 육분의를 들고 별을 관측하며 기록한 문장들은, 현대 과학이 학습하는 가장 원초적인 빅데이터가 되었음을 의미합니다.

과거 탐험가들이 실패의 현장에서 남긴 항해 일지에는 얼음의 소리, 빙하의 색깔 변화, 원주민의 전설 속에 숨은 수로의 단서들이 촘촘히 박혀 있습니다. 이는 기계적 센서가 포착할 수 없는 인문학적 통찰이 담긴 데이터입니다. 우리가 누리는 지름길의 편리함 속에는 이처럼 차가운 얼음 위에 새겨진 뜨거운 인간의 숨결이 숨겨져 있습니다. 프랭클린의 비극은 실패로 끝난 것이 아니라, 인류가 지구라는 유기체와 소통하기 위해 지불한 값비싼 지적 수업료였던 셈입니다.

비극의 파편에서 건져 올린 항해의 표준

프랭클린 원정대의 비극은 인류에게 북극에서 살아남기 위한 조건을 가장 비정한 방식으로 가르쳐주었습니다. 훗날 발견된 원정대의 유해와 버려진 물품들에 대한 과학적 분석은 현대 항해 물류와 생존 기술에 의미 있는 전환점을 제공했습니다. 예를 들어, 당시 원정대가 지참했던 조악한 납땜 통조림이 선원들의 납 중독을 일으켜 판단력을 흐리게 했다는 가설은, 극한 환경에서의 식품 안전과 장기 보존 기술이 단순한 보급의 문제를 넘어 생사를 결정짓는 핵심 변수임을 각인시켜준 계기가 되었습니다.

또한, 그들을 찾기 위해 투입된 수십 차례의 원정은 역설적으로 북극의 조류와 기압 변화에 대한 방대한 관측 데이터를 남겼습니다. 이 데이터들은 훗날 1879년에 스웨덴-핀란드의 지리학자이자 탐험가인 노르덴스키욀드가 증기선 베가호(SS Vega)를 타고 북동항로(NEP. Northeast Passage)를 최초로 관통하고, 20세기 아문센이 북서항로를 여는 데 결정적인 지침서가 되었습니다.

실패한 자들이 남긴 하지 말아야 할 일의 목록은 성공한 자들에게 가야 할 길의 나침반이 된 셈입니다. 우리가 오늘날 안전하게 북극을 지날 수 있는 것은, 그들의 유골 곁에 흩어져 있던 낡은 일지와 관측 장비들이 전해준 뼈아픈 교훈 덕분입니다.

쇄빙 기술의 시원

프랭클린의 에레버스호와 테러호는 당대 최고의 기술이 집약된 쇄빙선이었습니다. 비록 유빙의 압력을 견디지 못하고 침몰했으나, 선체를 철판으로 보강하고 내부 증기 난방 시스템을 갖추려 했던 시도는 현대 원자력 쇄빙선으로 이어지는 공학적 의지의 시초였습니다.

탐험의 관점에서 볼 때, 쇄빙 기술의 발전은 자연의 거부권을 인간의 기술력으로 무력화해가는 과정입니다. 프랭클린의 배들이 얼음에 갇혀 고립되었다면, 현대의 선박들은 특수 합금 선체와 수만 마력의 엔진을 통해 얼음을 지배합니다.

하지만 이 모든 공학적 진보는 결국 프랭클린 원정대가 온몸으로 겪어냈던 빙압(Ice Pressure)의 공포를 데이터화하고 극복하려 했던 집념의 결과물입니다. 우리는 쇄빙선의 굉음 속에서, 180년 전 차가운 선실에서 떨며 배가 부서지는 소리를 들어야 했던 선원들의 두려움과 그 두려움을 이기려 했던 인간의 의지를 동시에 읽어내야 합니다.

제3장을 마무리하며: 지름길에 깃든 인간의 무게

제3장에서 우리는 빌럼 바렌츠의 불굴의 기록, 로알 아문센의 겸허한 학습, 그리고 존 프랭클린의 비극적인 상실을 목격했습니다. 이들의 항적을 따라가며 얻은 최종적인 결론은 명확합니다. 북극항로라는 지름길은 결코 차가운 계산이나 지질학적 우연만으로 만들어진 것이 아니라는 사실입니다.

이 길은 누군가의 멈춰버린 시계, 얼어붙은 손가락으로 쓴 마지막 일지, 그리고 동료를 찾아 헤맨 소명의식의 발자국들이 모여 완성된 고귀한 도전의 기록입니다. 오늘날 우리가 쇄빙선을 타고 단 몇 주 만에 주파하는 이 바다는, 과거 누군가에게는 평생을 바쳐도 닿을 수 없었던 금단의 영역이었음을 기억해야 합니다. 길은 열렸으나, 그 길을 걸을 자격은 오직 그 길에 깃든 수많은 영혼의 무게를 기억하는 자에게만 주어지기 때문입니다.

우리는 이제 이러한 질문을 던져야 합니다. 선구자들이 목숨과 맞바꾸며 열려 했던 이 길이, 왜 지금은 이토록 무기력하게 열리고 있는가? 그 답을 찾기 위해 이젠 탐험의 시대를 넘어, 지구가 보내는 뜨거운 경고와 새로운 패권의 파도가 소용돌이치는 현대 북극항로의 거친 바다로 본격적인 항해를 시작합니다.

· 남방항로 대비 북방항로의 경제성 및 안정성 비교도 ·

캐나다
북서항로
알래스카
(미국)
그린란드
북극해
베링해
북동항로
약 14,000km
약 30일 소요
노르웨이해
북극점
네덜란드
로테르담
바렌츠해
랍테프해
유럽
카라해
태평양
리카
러시아
블라디보스토크
수에즈운하
한국
부산
현재항로
약 20,000km
약 40일 소요
중국
인도양

제2부

열병 앓는
행성의 얼음 눈물

제4장 ｜ 기후 위기를 투영하는 북극의 거울

4-1절　광산의 카나리아가 보내는 메시지
4-2절　하얀 방패의 몰락과 검푸른 바다의 역습
4-3절　북극항로의 역설과 문명사적 응전

제5장 ｜ 얼어붙은 바다 위의 신(新) 그레이트 게임

5-1절　러시아의 북동항로 선점과 북극해의 요새화
5-2절　중국의 야심과 미국의 견제
5-3절　그어진 선들과 부딪치는 주권의 파도
5-4절　분쟁의 현장과 국제적 과제

열병 앓는 행성의 얼음 눈물

인류는 오랜 세월 동안 대지 위에 길을 내고, 바다 위에 항적을 남기며 문명의 영토를 확장해 왔습니다. 제1부에서 우리가 목격한 비단길과 로마 가도, 그리고 대륙의 허리를 끊어 만든 운하들은 모두 인간의 뜨거운 열망과 정교한 설계가 빚어낸 의지의 산물이었습니다. 하지만 우리가 이제 마주할 제2부의 이야기는 전혀 다른 성격의 길에서 시작됩니다. 이 길은 인간이 땀 흘려 닦은 영광의 길이 아니라, 인류 문명이 초래한 지구 온난화라는 거대한 위기가 아이러니하게 열어젖힌 역설적 지름길입니다.

지구는 지금 몸살을 앓고 있습니다. 인류가 풍요를 위해 태워온 화석 연료와 그로 인해 뿜어져 나온 온실가스는 지구라는 거대한 유기체의 체온을 높여 놓았습니다. 그 열기가 가장 먼저, 그리고 가장 가혹하게 닿은 곳은 행성의 정수리인 북극이었습니다. 수만 년 동안 굳건히 바다를 덮고 있던 얼음 성채가 녹아내리며, 인류는 그동안 금단의 영역으로 여겨졌던 차가운 심연을 목격하게 되었습니다. 이것이 우리가 북극항로라 부르는 길의 차가우면서도 뜨거운 민낯입니다.

제2부에서는 북극항로라는 새로운 기회의 이면에 가려진 기후 변화의 냉혹한 진실과 그로 인해 발생하는 지정학적 균열을 탐구합니다. 지구가 보내는 이 뜨거운 신호를 우리가 어떻게 해석하고 응전하는가에 따라, 앞으로 마주할 새로운 문명의 성격이 결정될 것입니다.

제4장   기후 위기를 투영하는 북극의 거울

북극은 흔히 지구의 냉장고 혹은 기후의 파수꾼이라 불립니다. 하지만 인문학적인 시각에서 볼 때 북극은 우리 문명의 현재를 비추는 거대한 거울과 같습니다. 거울 속에 비친 북극의 모습이 일그러지고 녹아내리고 있다는 것은 곧 그 거울 앞에 선 우리 인류의 삶의 방식과 가치관이 위기에 처했음을 의미합니다. 그러기에 북극이 왜 기후 변화에 그토록 민감하게 반응하는지, 그리고 그 변화가 우리에게 어떤 과학적·철학적 메시지를 던지는지 심도 있게 살펴보고자 합니다.

우리가 북극의 거울을 들여다보아야 하는 이유는 분명합

니다. 북극에서 일어나는 변화는 결코 북극만의 문제가 아니기 때문입니다. 북극의 차가운 냉기가 약해지면 적도의 뜨거운 기운과 충돌하며 전 지구적인 기상 이변을 일으킵니다. 결국 북극이라는 거울을 닦고 살피는 일은, 우리 자신의 내일이 어떤 풍경일지를 미리 점검하는 일과 같습니다. 4장에서는 북극이 보내는 선명한 경고음들을 따라가며, 녹아내리는 얼음 조각들이 우리에게 전하는 문명사적 성찰을 담아낼 것입니다.

| 4-1절   광산의 카나리아가 보내는 메시지 |

우리는 지금까지 인류가 척박한 대지와 거친 파도를 뚫고 길을 내며 문명을 확장해온 장엄한 개척사를 써왔습니다. 그 과정에서 인류는 자연을 정복의 대상으로 여겼고, 기계의 힘으로 시공간을 압축하며 풍요를 일궈냈습니다. 하지만 그 찬란한 진보의 이면에는 우리가 미처 읽어내지 못한 생태적 청구서가 쌓이고 있었습니다. 그리고 지금 그 청구서의 총액이 가장 가혹하게, 가장 먼저 도착하고 있는 곳이 바로 지구의 정수리, 북극입니다.

광산의 카나리아가 된 북극

북극의 위기를 설명할 때 기상학자들이 가장 많이 꺼내드는 메타포는 '광산의 카나리아'입니다. 19세기 광부들은 보이지 않는 죽음의 위협인 메탄가스나 일산화탄소의 유출을 감지하기 위해 예민한 카나리아를 새장에 담아 광도 깊숙한 곳에 두었습니다. 공기의 질에 민감한 카나리아가 노래를 멈추고 쓰러지는 순간은 광부들에게 즉시 대피하라는 생명구조의 경고였습니다.

오늘날 북극은 지구라는 거대한 광산 속에서 서서히 숨이 가빠지는 카나리아와 같습니다. 과학적으로 북극은 행성의 가장 예민한 부분입니다. 인류가 풍요의 대가로 뿜어낸 온실가스가 대기를 채울 때, 북극은 가장 먼저 그 고통을 해빙(解氷)이라는 형태로 표현하며 우리에게 경고를 보냅니다. 카나리아의 죽음이 광도 전체의 위험을 예고하듯, 북극의 변화는 지구의 자정 시스템이 이미 임계점을 넘어 고장 났음을 알리는 과학적 전조입니다. 북극은 이제 단순한 지리적 공간을 넘어, 인류가 자연에 가한 충격이 어디까지 도달했는지를 보여주는 가장 정직한 지표가 되었습니다.

북극 증폭과 알베도 효과

북극이 카나리아로서 민감한 반응을 보이는 물리적 실체는 바로 북극 증폭(Arctic Amplification)이라는 현상 때문입니다. 과학자들은 오랫동안 지구가 전 지역에서 고르게 뜨거워질 것이라 예상했지만, 최근 핀란드와 노르웨이 연구진의 발표는 그 상식을 뒤엎었습니다. 지난 수십 년간 북극권의 온도 상승 속도는 지구 전체 평균보다 무려 4배 가까이 빨랐습니다.

북극 증폭은 지구가 앓고 있는 열병의 독소가 행성의 머리 부분에 집중되어 나타나는 현상을 의미합니다. 수만 년 동안 적도의 뜨거운 기운을 식혀주던 지구의 거대한 냉각 장치가 이제는 오히려 열기를 스스로 키우는 행성의 아궁이로 변모하고 있는 것입니다. 이 증폭 현상이 두려운 이유는 북극이 더 이상 수동적인 피해자가 아니라는 점에 있습니다.

기온이 평균보다 4배 빠르게 오르면서 북극은 이제 스스로 기후 변화를 주도하는 능동적인 변수가 되었습니다. 북극 증폭의 에너지가 임계점을 넘어설 때, 그 파동은 전 지구적 대기 질서를 뒤흔들기 시작합니다. 우리가 겪는 유례없는 폭염과 기록적인 한파의 배후에는, 이처럼 4배속으로 타오르는 북극의 증폭된 열기가 도사리고 있습니다. 우리는 이제 이 비정상적인 가속이 어떻게 가능했는지, 그 이면에 숨겨진

'알베도 효과'라는 두려운 엔진의 정체를 파헤쳐야 합니다.

무너지는 경계선

북극 증폭을 실질적으로 가동하는 핵심 엔진이자, 지구가 스스로 열을 조절해온 마법 같은 장치는 바로 '알베도 효과(Albedo Effect)'입니다. 라틴어로 하얀색을 뜻하는 알부스(Albus)에서 유래한 이 용어는, 물체가 빛을 받았을 때 이를 다시 튕겨내는 반사율을 의미합니다.

비유적으로 표현하면, 북극의 얼음은 지구가 태양의 뜨거운 열기를 견디기 위해 입고 있던 은백색의 방패였습니다. 신선한 눈과 얼음의 알베도는 약 0.9에 달합니다. 즉, 자신에게 쏟아지는 태양 에너지의 90%를 즉시 우주로 돌려보내며 지구의 온도를 쾌적하게 유지해온 것입니다. 반면, 얼음이 사라진 자리에 드러난 검푸른 바다의 알베도는 0.06에 불과합니다. 이는 빛의 94%를 고스란히 흡수하는 열의 스펀지가 된다는 뜻입니다.

문제는 여기서 '자기 강화적 악순환'이 시작된다는 점입니다. 이를 '얼음-알베도 피드백'이라 부릅니다. 기온이 올라 얼음이 조금이라도 녹으면 하얀 면적(반사판)이 줄어들고, 그만큼 검은 바다(흡수판)가 넓어집니다. 바다는 더 많은 열을 머금어 따뜻해지고, 그 온기는 다시 주변의 얼음을 더 빨리 녹입니다. 이 고리가 반복될수록 북극 증폭의 속도는 기하급수적으로 빨라집니다. 북극의 4배 빠른 온난화는 결코 우연이 아니라, 방패가 흉기로 변해버린 이 물리적 역설이 빚어낸 필연적인 결과입니다.

알베도 효과의 상실로 인한 북극 증폭의 열기는 북극권에만 머물지 않고 전 지구적 신경망을 타고 남하합니다. 그 결정적인 매개체가 바로 제트기류입니다. 본래 제트기류는 북극의 차가운 공기와 중위도의 따뜻한 공기 사이의 거대한 온도 차이를 동력 삼아, 북극 주변을 팽팽하고 빠르게 회전하며 냉기를 가두는 울타리 역할을 해왔습니다.

그러나 북극 증폭이 북극의 기온을 끌어올려 중위도와의 온도 차이를 좁히기 시작하자, 이 팽팽하던 울타리가 탄력을 잃고 느슨해졌습니다. 강하게 흐르던 물줄기가 힘을 잃으면 구불구불하게 흐르듯, 제트기류 역시 뱀처럼 구불구불 움직이며 중위도 지역까지 깊숙이 내려오거나 특정 지역에 오랫동안 머물게 되었습니다.

이것이 바로 북극의 카나리아가 우리에게 보내는 기상학적 경고의 실체입니다. 제트기류가 북쪽의 찬 공기를 끌고 내려오면 살인적인 한파가 닥치고, 반대로 남쪽의 뜨거운 공기를 막아 세우면 유례없는 폭염과 가뭄이 지속됩니다. 기상학적으로 이는 인류가 쌓아 올린 '예측 가능한 기후'라는 안전판을 상실했음을 의미합니다. 농경과 에너지 수급 등 현대 문명을 지탱하는 모든 계획은 기후의 안정성을 전제로 하지만, 알베도 효과의 상실로 가속화된 북극 증폭은 그 전제를 산산조각 내고 있는 것입니다.

파우스트의 거래인가, 새로운 응전인가?

결국 북극의 카나리아, 북극 증폭, 그리고 알베도 효과는 우리에게 하나의 거대한 철학적 질문을 던집니다. 우리가 누려온 화석 연료 기반의 풍요가 하얀 방패를 녹였고, 그 결과로 북극항로가 열렸습니다. 이를 인류세의 파우스트적 역설이라 부를 수 있습니다. 지식과 힘을 얻기 위해 영혼을 팔았던 파우스트처럼, 우리는 물질적 풍요를 얻는 대가로 행성의 온도 조절 장치를 파괴해버린 셈입니다. 그리고 그 파우스트적 역설의 결과로 열린 북극항로를 통하여 또다시 화석연료를 획득한다면 인류는 그야말로 패러독스의 덫에 걸린 아둔한 생명체가 될 것입니다.

하지만 우리는 이 비극적 지름길 앞에서 단순히 절망만 하고 있을 수는 없습니다. 우리가 확인한 과학적 진실은 우리가 가야 할 길을 알려줍니다. 북극의 증폭된 열기가 전 지구적 재앙으로 번지는 것을 막기 위해서는 북극항로를 이용하며 지구온난화를 통제하는 방법론을 찾아야 합니다. 그리고 북극항로에서 얻는 경제적 이득이 반드시 생태적 복원으로 이어지는 성찰의 항해가 되어야 한다는 점입니다. 아울러 거울이 깨진 자리에서 드러난 검푸른 바다의 유혹과 위협에 대해, 우리는 이제 심도 있는 논의를 시작해야 할 때가 왔음을 인지해야 합니다.

| 4-2절 하얀 방패의 몰락과 검푸른 바다의 역습 |

우리는 방금 북극이 왜 광산의 카나리아가 되었는지, 그리고 알베도 효과라는 물리적 엔진이 어떻게 북극의 온도를 4배나 빠르게 끌어올리는지 살펴보았습니다. 그러면 이제 우리가 마주해야 할 또다른 진실은 그 하얀 방패가 단순히 얇아지는 수준을 넘어, 역사에서 유례없는 속도로 해체되고 있다는 사실입니다. 방패가 사라진 자리에 드러난 검푸른 바다가 인류에게 던지는 매혹적인 유혹과 그 이면에 숨겨진 지구적 규모의 역습에 대해 고민해 봅니다.

만년빙의 해체

우리가 북극의 하얀 방패를 오랫동안 신뢰할 수 있었던 이유는 수천 년 동안 단단하게 다져진 다년빙(Multi-year Ice) 덕분이었습니다. 다년빙은 여름의 뜨거운 태양 아래서도 녹지 않고 수년간 겹겹이 두께를 더해온 북극의 튼튼한 뼈대이자, 지구가 겪어온 기후의 역사가 축적된 기억의 층위입니다. 하지만 인류세의 뜨거운 열기는 이 고대의 뼈대를 가장 먼저 무너뜨리고 있습니다.

과거 북극해의 대부분을 차지하던 3~4미터 두께의 다년빙은 이제 얇고 연약한 단년빙(First-year Ice)으로 급격히 대체되고 있습니다. 단년빙은 겨울에 얼었다가 여름이면 곧장 녹아버리는 일회용 방패와 같습니다. 이는 북극이 가졌던 시간의 축적과 회복 탄력성이 사라지고 있음을 의미합니다. 수만 년의 세월을 견디며 우리 행성을 보호해온 고대 얼음의 방패가 산업혁명 이후 단 170년여의 탐욕의 누적으로 증발하고 있는 것입니다. 방패의 강도가 약해질수록 앞서 설명한 알베도 효과의 균형은 더 쉽게 무너지고, 북극 증폭의 아궁이는 걷잡을 수 없이 타오르게 됩니다.

검푸른 바다의 유혹과 역습

하얀 방패가 걷힌 자리에는 오랫동안 인류의 시선이 닿지 않았던 검푸른 바다가 민낯을 드러냅니다. 지질학자들과 에너지 기업들에게 이 바다는 더 이상 금단의 공간이 아닙니다. 그것은 전 세계 미발견 천연가스의 30%, 석유의 13%를 품고 있는 마지막 노다지의 얼굴을 하고 있습니다. 여기에 4차 산업혁명의 쌀인 희토류와 전략 광물까지 고려하면, 북극은 인류 문명의 수명을 연장해 줄 유일한 활로처럼 보입니다.

이 지점에서 인류는 지독한 인식의 배신을 경험합니다. 지구가 뜨거워져 방패를 잃은 위기의 현장을, 자본주의의 눈은 새로운 기회의 영토로 재정의하기 때문입니다. 화석 연료의 소비로 인해 북극의 얼음이 녹았는데, 그 녹은 바다에서 다시 화석 연료를 캐내려는 행태는 지독한 자기 파괴적 역설입니다. 이 검푸른 바다의 유혹은 앞서 정의했던 패러독스의 덫에 걸린 치명적인 유혹입니다. 길을 여는 주권이 곧 패권이 되는 시대에, 연안국들은 사라진 얼음 조각을 슬퍼하기보다 드러난 바다 위에 자국의 깃발을 꽂을 계산기를 먼저 두드리고 있습니다. 우리는 지금 행성의 비명을 부의 노래로 착각하는 위험한 도박장에 서 있는 것입니다.

알베도의 상실로 뜨거워진 검푸른 바다는 단순히 열을 흡수하는 데 그치지 않고, 그 에너지를 지구 전체의 혈관으로 뿜어내며 바다의 역습을 시작했습니다. 이것이 바로 해류 시스템의 교란입니다. 북극의 차가운 바닷물은 본래 무거운 밀도를 유지하며 심해로 가라앉아, 전 지구적인 해류 순환을 이끄는 거대한 컨베이어 벨트의 엔진 역할을 해왔습니다.

그러나 얼음이 녹아 유입된 막대한 양의 담수는 북극 바다의 염도를 낮추고 엔진을 약화시킵니다. 차가워야 할 엔진이 미지근해지면서, 대서양 열염순환(AMOC)과 같은 거대 해류 시스템이 멈춰 설 조짐을 보이고 있습니다. 이는 단순히 바닷길의 변화가 아닙니다. 유럽에 온기를 전해주던 해류가 멈추면 북반구 전체에 살인적인 한파와 폭풍이 닥치게 됩니다.

이는 지구가 자신의 체온을 조절하던 순환의 법칙을 거부하고, 인류에게 그 열기를 고스란히 돌려주는 에너지의 부메랑을 던지는 행위입니다. 검푸른 바다는 이제 인류의 선박을 받아들여 물류의 지름길을 내주는 척하면서, 동시에 행성의 기상 지도를 송두리째 뒤흔드는 거대한 소용돌이를 준비하고 있습니다. 우리는 이제 이 역습의 현장 속에서 문명이 짊어져야 할 도덕적 부채와 실존적 숙제가 무엇인지 더 깊은 심연으로 들어가 확인해야 합니다.

 얼음의 눈물, 황금의 항로

영구 동토층의 배신과 판도라의 상자

검푸른 바다의 역습이 수평적 공간의 위협이라면, 북극 연안의 대륙에서 벌어지는 영구 동토층(Permafrost)의 붕괴는 수직적 시간의 위협입니다. 수만 년 동안 단단하게 얼어붙어 문명의 기초를 지탱해 주던 대지가 이제는 진흙탕으로 변하며 인류를 배신하고 있습니다. 북극해 연안의 항구 도시들과 자원 시추 시설들은 지반이 침하하며 무너져 내리고 있으며, 이는 인류가 닦으려는 '길'의 물리적 토대 자체가 사라지고 있음을 의미합니다.

더욱 서늘한 진실은 그 얼어붙은 대지 아래 잠들어 있던 고대의 가스들입니다. 영구 동토층은 현재 대기 중에 존재하는 탄소량의 약 2배에 달하는 유기물을 품고 있습니다. 대지가 녹으며 뿜어져 나오는 메탄(Methane)은 이산화탄소보다 온실 효과가 수십 배 강력한 지구 온난화의 폭탄입니다. 이는 인류가 열어젖힌 북극해가 사실은 지구의 깊은 잠을 깨워 재앙을 불러내는 판도라의 상자였음을 시사합니다. 우리의 탐욕이 온도를 높였는데, 그 열기가 다시 대지를 녹여 우리가 추구하는 지름길의 뿌리를 근원부터 뒤흔드는 이 부메랑의 서사는 인류세가 직면한 가장 냉혹한 역설일 것입니다.

찢겨 나가는 생명의 그물망

북극의 하얀 방패가 사라진 자리에서 가장 처절한 비명을 지르는 것은 그곳의 원래 주인들입니다. 북극곰에게 해빙(Sea Ice)은 단순한 얼음 조각이 아니라, 사냥하고 번식하며 생을 이어가는 유일한 플랫폼이었습니다. 플랫폼이 조각나고 녹아내리면서, 그들은 이제 헤엄쳐도 닿을 수 없는 거리에서 굶주림과 사투를 벌이고 있습니다. 바다표범은 새끼를 낳을 안식처를 잃었고, 얼음 밑바닥에서 생태계의 기초를 형성하던 미세 생물들은 자취를 감추고 있습니다.

인문학적 시각에서 북극 생태계의 붕괴는 인류가 타자(他者)의 생존권을 담보로 자신의 편리를 취해온 도덕적 파산의 현장입니다. 우리가 북극항로를 통해 물건을 빨리 실어 나르며 환호할 때, 그 길 아래에서는 수만 년간 이어져 온 생명의 고리가 난폭하게 끊어지고 있습니다. 길은 본래 소통과 연결을 의미하지만, 북극에서 열리는 길은 역설적으로 자연과의 단절과 소멸을 전제로 하고 있습니다. 침묵하는 북극의 생명들은 우리에게 묻고 있습니다. "당신들이 걷고자 하는 그 길에, 과연 타자(他者)의 자리는 남아 있는가?"

지구가 열병으로 내준 길의 무거운 통행료

결국 우리가 마주한 메시지는 명확합니다. 하얀 방패 알베도를 잃고 검푸른 바다의 역습을 맞이한 지구는, 인류에게 북극항로라는 지름길을 거저 내준 것이 아닙니다. 이 길은 지구의 냉각 장치를 파괴하고, 해류의 질서를 뒤흔들며, 생태계의 비명을 묵살한 대가로 얻은 경고의 항로입니다.

우리는 지금 지구가 앓고 있는 열병 덕분에 열린 이 문을 지나가며, 우리가 지불해야 할 통행료가 단순히 선박의 유류비나 운용비가 아님을 깨달아야 합니다. 그것은 우리가 무너뜨린 생태적 균형을 어떻게 복원할 것인가, 그리고 이 비극적 지름길 위에서 어떻게 상생의 문법을 써 내려갈 것인가라는 도덕적 부채의 상환입니다.

지구가 보내는 엄중한 경고를 어떻게 인류 문명의 새로운 진화로 승화시킬 것인가? 이 질문에 대한 해답 없이는 우리가 닦는 항로는 그저 멸망으로 향하는 급행열차가 될 뿐입니다.

이제 우리는 이 비극적 지름길의 역설을 딛고 일어서려는 인류의 간절하고도 지혜로운 도전을 살펴보고자 합니다. 그곳에는 탐욕을 넘어선 성찰의 항로가 우리를 기다리고 있습니다.

우리는 앞선 여정들을 통해 북극이 왜 광산의 카나리아가 되었으며, 알베도 효과의 상실과 영구동토층의 붕괴가 인류 문명에 어떤 무거운 통행료를 청구하고 있는지 목격했습니다. 지구가 앓고 있는 열병이 열어젖힌 이 문은, 인류에게 전례 없는 경제적 지름길을 선사했으나 동시에 두렵고 거대한 도덕적 딜레마를 안겨주었습니다. 이제 우리는 앞서 정의했던 파우스트적 역설의 장막을 걷어내고, 이 위기를 문명사적 진화의 동력으로 삼으려는 인류의 간절하고도 지혜로운 응전의 서사를 펼쳐보고자 합니다.

지구가 고통받아 열린 길을 어떻게 읽을 것인가?

이제 우리는 더 이상 이 길을 단순한 지리학적 우연이나 공학적 쾌거로만 치부할 수 없습니다. 북극항로의 출현은 인류가 누려온 도구적 이성이 받아 든 성적표이자, 우리가 반드시 해결해야 할 실존적 숙제이기 때문입니다. 파우스트적 역설이 우리에게 던지는 질문은 명확합니다. "지구가 비명을 지르며 내준 이 틈새를 우리는 축복이라 불러야 하는가, 아니면 재앙의 전조라고 읽어야 하는가?"

이 질문에 대한 대답을 유보한 채 경제적 수치와 자원 패권에만 매몰되는 것은, 문명이 스스로의 영혼을 외면하는 행위와 같습니다. 우리는 이제 이 길을 단순한 자원 획득의 경로가 아닌, 화석연료의 문명이 지구에 진 생태적 부채를 성찰하고 상환해 나가는 성찰의 항로로 재정립해야 하는 숙명을 안고 있습니다. 경제적 주권을 지키는 것만큼이나, 행성의 생명력을 지키는 도덕적 주권이 중요해진 시대가 도래한 것입니다.

토인비의 시선으로 본 북극의 비명

역사학자 아놀드 토인비는 문명의 발전을 도전과 응전(Challenge and Response)의 과정으로 정의했습니다. 그에 따르면 문명은 가혹한 환경적 도전이 닥쳤을 때, 이를 지혜롭게 극복해내는 창조적 소수의 응전을 통해 다음 단계로 진화합니다.

현재 북극이 보내는 해빙의 신호는 인류 문명이 마주한 가장 위험한 도전입니다. 만약 우리가 이 도전에 대해 단순히 더 많은 화석연료를 캐내고 더 빨리 짐을 실어 나르는 방식, 즉 과거의 관성으로만 대응한다면 그것은 응전이 아니라 파멸로 향하는 가속일 뿐입니다. 진정한 문명적 응전은 북극항로를 이용하며 얻는 경제적 이득을 탄소 배출의 획기적인 절감과 에너지 구조의 대전환으로 연결시키는 역설적 지혜를 발휘하는 데서 시작됩니다. 지구가 열병을 앓으며 내준 이 좁은 틈새를 인류가 행성과의 화해를 모색하는 회복의 좁은 문으로 바꾸어 내는 것이야말로 21세기 호모 파베르가 증명해야 할 지성의 핵심입니다.

도구적 이성을 넘어선 성찰적 개척

우리는 그동안 기술을 오직 자연을 굴복시키고 효율을 극대화하는 도구로만 여겨왔습니다. 하지만 우리가 목격한 북극의 얼음이 사라진 자리에서 드러난 것은 기술의 전능함이 아니라, 그 기술이 초래한 결과에 속수무책인 인간의 나약함이며, 우리가 확인해야 할 가치는 바로 성찰적 개척입니다.

길을 낸다는 것은 본래 단절된 세계를 잇는 숭고한 행위였습니다. 북극항로 역시 동양과 서양의 거리를 좁혀 문명의 교류를 가속화하겠지만, 그 과정은 반드시 북극 생태계의 고유한 권리와 미래 세대의 생존권을 존중하는 방식이어야 합니다. 우리는 이제 쇄빙선의 힘으로 얼음을 깨는 물리적 개척을 넘어, 탐욕의 문법을 공존의 문법으로 바꾸는 지적 개척을 시작해야 합니다. 위기가 열어준 이 금단의 지름길 위에서 우리가 어떤 성찰의 나침반을 들 것인가? 이제 그 구체적인 실천 방안과 문명적 대안들을 궁구해야 합니다.

역설적 환경주의

북극항로의 활용을 둘러싼 가장 치열한 논쟁은 환경과 개발의 충돌입니다. 하지만 우리는 여기서 역설적 환경주의라는 새로운 지평을 발견할 수 있습니다. 이는 북극항로가 기후 위기의 산물인 동시에, 역설적으로 추가적인 기후 파괴를 늦추는 도구가 될 수 있다는 실용적 통찰입니다.

기존 수에즈 운하를 통과하던 선박들이 북극항로를 택할 때 절감되는 항해 거리는 약 33%에 달합니다. 거리가 단축된다는 것은 그만큼 태워야 할 화석 연료의 양이 줄어들고, 선박이 뿜어내는 막대한 이산화탄소와 황산화물의 절대량이 감소함을 의미합니다. 지구가 앓고 있는 열병으로 열린 이 길을 통해 다시 지구의 열을 식힐 수 있는 탄소 저감의 기회를 얻는 셈입니다. 우리가 이 길을 단순히 빨리 가기 위한 도구가 아니라 지구에 가하는 상처를 최소화하는 통로로 인식할 때, 북극항로는 비극적 지름길에서 인류세의 탈출구로 거듭날 수 있습니다.

속도의 경제에서 생존의 경제로

우리는 지금까지 길의 가치를 오직 속도와 비용으로만 계산해 왔습니다. 하지만 북극이 보내는 침묵의 비명은 우리에게 새로운 계산법을 요구합니다. 그것은 아리스토텔레스가 강조했던 실천적 지혜(Phronesis)입니다. 이는 단순히 지식을 많이 아는 것이 아니라 복잡한 현실 속에서 무엇이 '선(善)'인지를 판단하고 행동하는 지혜입니다.

북극항로에서의 실천적 지혜란 항로 이용으로 얻은 경제적 이득의 상당 부분을 북극의 생태계 복원과 친환경 선박 기술 개발에 재투자하는 선순환의 항해를 뜻합니다. 지구가 고통을 감내하며 열어준 이 좁은 문을 통과할 자격은 오직 그 길 위에서 자신의 이익보다 지구의 안녕을 먼저 셈하는 자에게 주어져야 합니다. 속도의 경제를 넘어 생존의 경제로 나아가는 이 철학적 전환이야말로 현대 문명이 북극의 거울 앞에서 보여줄 수 있는 가장 성숙한 응전입니다.

지구가 열어준 좁은 문을 통과하는 인류의 자격

제4장의 여정을 마무리하며 우리는 다시 한번 질문 앞에 섭니다. 우리는 과연 지구가 열병으로 열어준 이 길을 걸을 자격이 있는가? 카나리아의 비명과 알베도의 상실은 우리

에게 공포를 주었지만, 실천적 지혜에 대한 성찰은 우리에게 희망의 단초를 제시합니다.

북극항로는 인류가 자연을 마음대로 조각할 수 있다는 오만을 버리고, 자연의 변화에 어떻게 겸허히 적응하고 책임질 것인가를 배우는 거대한 강의실이어야 합니다. 우리가 이 길 위에서 탐욕이 아닌 성찰의 항적을 남긴다면, 북극의 얼음 눈물은 훗날 인류 문명이 지구와 화해했음을 증명하는 승리의 기록으로 기억될 것입니다.

이제 우리는 이 기후적 위기의 현장을 뒤로하고, 얼음이 사라진 바다 위에서 전리품을 선점하려는 강대국들의 소리 없는 전쟁터로 시선을 옮깁니다. 성찰의 항로가 어떻게 냉혹한 패권의 무대로 변모하고 있는지, 그 긴박한 지정학적 현실을 마주해 보겠습니다.

우리는 앞선 여정에서 지구가 앓고 있는 열병이 북극의 하얀 방패를 어떻게 해체하고 있는지, 그리고 그 비극적인 틈새에서 북극항로라는 지름길이 어떻게 열렸는지 목격했습니다. 이제 우리의 시선은 기후적 관측지를 넘어, 그 검푸른 바다 위에서 벌어지는 냉혹한 패권의 각축장으로 향합니다. 제5장에서는 지구가 비명을 지르며 내준 전리품을 차지하기 위해 강대국들이 벌이는 소리 없는 전쟁, 이른바 '신(新) 그레이트 게임'의 현장으로 가보겠습니다.

19세기 그레이트 게임의 유산

오늘날 북극에서 벌어지는 갈등을 이해하기 위해서는 먼저 19세기 중앙아시아를 피로 물들였던 원조 그레이트 게임(The Great Game)의 서사를 복기해야 합니다. 당시 세계 최강대국이었던 대영제국과 남진(南進) 정책을 고수하던 러시아 제국은 아프가니스탄과 티베트의 험준한 산악 지대를 거대한 체스 판 삼아 94년간 치열한 정보전과 외교전, 그리고 국지전을 벌렸습니다.

영국에게는 인도를 지키기 위한 방어선 구축이, 러시아에게는 따뜻한 바다로 나가는 부동항 확보에 사활이 걸린 문제였습니다. 하지만 '위대한 게임'으로 불리는 이 전략적 충돌은 제국들이 자국의 생존과 팽창을 위해 타국의 영토를 오직 전략적 완충지나 '길'로만 재단했던 지정학적 탐욕의 정점이었습니다. 800년 전 칭기즈칸의 역참제가 대륙을 하나로 묶는 소통의 신경망이었다면, 19세기의 그레이트 게임은 그 신경망을 누가 독점하여 지배할 것인가를 둔 주도권의 전쟁이었습니다.

빙판 위에서 부활한 제국의 시간

이제 그 비정한 게임의 무대가 중앙아시아의 사막에서 북극의 얼음 바다로 옮겨왔습니다. 21세기의 신(新) 그레이트 게임은 19세기의 그것보다 훨씬 복합적이고 거대한 스케일로 전개됩니다. 과거에는 기병대와 간첩들이 산맥을 넘었다면, 이제는 원자력 쇄빙선과 인공위성, 그리고 해저 광케이블이 북극의 정수리를 공략하고 있습니다.

북극의 지정학적 갈등은 인간의 영토적 본능이 기후 위기라는 도덕적 성찰을 압도하고 있음을 보여주는 위험한 장면입니다. 이미 우리가 성찰해 보았던 파우스트적 역설의 현장 위에서, 인류는 공존의 문법을 배우기도 전에 자국의 깃발을 꽂을 자리를 먼저 셈하고 있는 형국인 것입니다. 러시아는 북동항로를 자국의 내해로 만들려 하고, 중국은 스스로를 근북극(近北極) 국가로 정의하며 빙상 실크로드를 꿈꾸고, 미국은 이들의 밀착을 견제하며 북극의 요충지인 그린란드를 탐내고 있습니다.

북극해는 오랫동안 주인이 명확하지 않은 공유지였습니다. 하지만 앞서 살펴본 알베도 효과의 상실로 얼음이 걷히자, 그동안 존재하지 않았던 경계선들이 수면 위로 그어지기 시작했습니다. 유엔 해양법을 방패 삼아 배타적 경제수역을 확장하려는 연안국들과, 항행의 자유를 주장하며 이를 견제하려는 세력 간의 충돌은 북극을 세계에서 가장 차가우면서도 뜨거운 화약고로 만들고 있습니다.

최근 우크라이나 전쟁 이후 북극 이사회의 공조 체제가 마비된 현실은, 우리가 닦으려는 새로운 길이 자칫 국가 간 충돌의 고속도로가 될 수 있음을 경고합니다. 지구가 흘리는 얼음 눈물이 새로운 부를 창출할 황금의 항로로 읽히는 이 불행한 현실 앞에서, 인류는 다시 긴장해야 합니다.

법과 규범이 충돌하는 자리에서 북극해는 19세기식 약육강식의 바다가 될 것인가, 아니면 새로운 국제적 협력의 실험실이 될 것인가?

지정학의 세계에서 러시아만큼 북극에 사활을 거는 나라
는 없습니다. 러시아에게 북극은 단순한 영토적 정체성을
넘어, 쇠락해가는 제국의 영광을 되찾아줄 미래의 금고이
자 최후의 성벽입니다. 우리가 앞선 여정에서 목격했던 지
구가 앓고 있는 열병이 열어젖힌 금단의 기회를 러시아는
자국의 가장 강력한 지정학적 레버리지로 전환하며 북쪽 바
다의 주도권을 움켜쥐려고 전력투구를 하고 있습니다. 그렇
다면 러시아가 왜 이토록 얼어붙은 바다에 집착하는지, 그
리고 그들의 북진 전략이 현대 물류 지형에 어떤 파장을 일
으키고 있는지 추적해 봅니다.

영토적 한(恨)을 푸는 생존의 북진 전략

러시아인들에게 북극은 혹독한 환경을 이겨낸 민족적 자
부심의 정수입니다. 역사적으로 러시아의 남방 진출이 따
뜻한 바다인 부동항(不凍港)을 찾아 헤매던 고단하고 좌절

섞인 여정이었다면, 이제 시작된 북방으로의 확장은 지리적 한계를 기술과 의지로 돌파하려는 거대한 도전입니다. 러시아 영토의 약 3분의 1이 북극권에 속하며, 국가 GDP의 약 20%가 이 얼어붙은 땅에서 발생한다는 사실은 러시아가 왜 북극에 집착할 수밖에 없는지를 단적으로 보여줍니다.

러시아에게 북극해는 서구 세력에 의해 사방이 포위되었다고 느끼는 지정학적 고립감을 해소해 줄 유일한 전략적 해방구입니다. 그들은 북동항로(Northern Sea Route)를 자국의 내해처럼 철저히 통제함으로써, 수세기 동안 유지되어 온 수에즈 운하 중심의 글로벌 물류 체계를 대체할 새로운 대동맥을 건설하려 합니다. 이는 단순히 물길을 여는 것이 아니라, 북극이라는 자연의 성벽을 활용해 제국의 경계를 북쪽으로 무한히 확장하려는 야심의 발현이라 할 수 있습니다.

러시아 북극 전략의 실체적인 힘은 세계 유일의 원자력 쇄빙선 함대에서 나옵니다. 러시아의 원자력 쇄빙선들은 3미터 두께의 두꺼운 얼음을 깨뜨리며 항로를 창조해냅니다. 우리가 뒤이어 살펴볼 호모 파베르의 공학적 정수가 러시아의 손에서는 강력한 주권 수호의 도구로 사용되고 있는 셈입니다.

러시아에게 쇄빙선은 단순한 배가 아닙니다. 그것은 얼어붙은 바다를 언제든 자국의 아스팔트 고속도로처럼 만들어 군함과 상선을 인도할 수 있는 움직이는 영토입니다. 러시아는 외국 선박에 대해 사전 승인을 강제하고 고액의 통행료를 징수하며, 이를 어길 경우 군사적 조치까지 불사하겠다는 강경한 입장을 고수합니다.

이는 항행의 자유를 주장하는 서방 국가들과 정면으로 충돌하지만, 러시아는 앞서 성찰했던 환경 보호와 선박 안전 관리라는 명분을 방패 삼아 주권의 철벽을 더욱 견고히 쌓고 있습니다. 이러한 물리적 지배력의 우위는 북극해에서의 주도권이 이미 러시아 쪽으로 크게 기울어 있음을 시사합니다.

백색 미로 속에 세워진 제국의 요새

러시아의 북극 주권 선언은 단순히 문서 위에만 머물지 않습니다. 그들은 북극권 전역에 걸쳐 산재해 있는 과거 냉전 시대의 군사 기지들을 재가동하고 새로운 최첨단 요새들을 구축하고 있습니다. 그 중심에 있는 것이 바로 '북극 샴록(Arctic Shamrock)'이라 불리는 대형 군사 기지입니다.

러시아 국기를 상징하는 흰색, 파란색, 빨간색으로 채색된 이 기지들은 영하 50도의 혹한 속에서도 수백 명의 병력이 외부 도움 없이 수년간 자급자족할 수 있는 폐쇄형 시스템을 갖추고 있습니다. 레이더망과 미사일 방어 시스템이 촘촘히 배치된 이 요새들은 북극 상공과 바다의 접근을 원천 차단하는 거대한 방패입니다. 이 기지들은 인류가 도달한 가장 북쪽의 '정주(定住) 의지'이며, 동시에 북극을 인류 공동의 자산이 아닌 특정 국가의 무기고로 변모시키고 있다는 비판의 대상이기도 합니다.

하지만 이러한 요새화와 자원 개발의 기저에는 우리가 앞선 장에서 언급했던 파우스트적 역설의 그림자가 짙게 드리워져 있습니다. 러시아가 북극을 개발하고 요새화하기 위해 쏟아붓는 에너지는 역설적으로 북극의 온난화를 더욱 부추기기 때문입니다.

그 결과로 나타나는 불가피한 반작용이 바로 영구 동토층의 배신입니다. 러시아가 공들여 세운 최첨단 기지들과 에너지 시출 시설들은, 온난화로 인해 지반이 진흙탕으로 변하면서 서서히 침하하거나 뒤틀리고 있습니다. 영토를 지키기 위해 길을 닦고 기지를 세웠으나, 그러한 행위가 초래한 기후 변화가 기지의 발판 자체를 무너뜨리는 이 순환 논리는 인류세가 직면한 필연적인 아이러니 중 하나입니다. 러시아는 지금 무너지는 얼음 성벽 위에서 제국의 깃발을 지키기 위해 사투를 벌이고 있는 셈입니다.

북극해의 문지기인가, 독점적 지배자인가

러시아는 자신들이 북극의 안전을 책임지는 문지기임을 자처하지만, 국제 사회는 이를 북극의 사유화로 인식하며 우려 섞인 시선으로 바라봅니다. 러시아의 북동항로 선점은 세계 물류의 지평을 넓히는데 기여하기 보다는 새로운 갈등의 씨앗으로 작동할 가능성이 커질 것으로 보여지기 때문입니다. 러시아가 닦아놓은 이 얼음 고속도로는 앞으로 우리가 마주할 신(新) 그레이트 게임의 핵심 무대가 될 것입니다. 그리고 이미 그들이 선점한 북동항로의 항적 위로 이제 중국의 자본과 미국의 견제가 소용돌이치기 시작했다는 걸 명심해야 합니다.

러시아의 야심과 기후의 비명이 교차하는 이곳에서, 우리는 이제 다음 여정인 중국의 '빙상 실크로드' 구상을 향해 항해를 이어가 보겠습니다. 그곳에는 대륙을 넘어 바다의 끝까지 뻗어 나가려는 또 다른 거대한 욕망이 우리를 기다리고 있습니다.

러시아가 북극을 자국의 앞마당으로 삼아 견고한 물리적 성벽을 쌓아 올리고 있다면, 북극해와 직접 맞닿아 있지 않은 거대 국가 중국은 인식의 전환을 통해 역사상 유례없는 새로운 해상 지도를 그리고 있습니다.

기후 변화로 얼음이 물러나는 북극해는 중국에게 단순한 항로 단축 이상의 의미를 지닙니다. 그것은 기존의 서구 중심 해상 질서를 우회하여 새로운 문명의 대동맥을 건설하려는 거대한 야심의 실현 장소이기 때문입니다. 중국의 이 야심 찬 계획을 이해하려면 그들이 추진하고 있는 '빙상 실크로드'의 실체와 그 속에 담긴 지정학적 본능을 살펴보아야 합니다.

영토의 한계를 넘는 인식의 확장

중국은 2018년 발표한 북극 정책 백서를 통해 자신들을 '근북극 국가(近北極國家, Near-Arctic State)'로 정의하며 전 세계를 놀라게 했습니다. 지리적으로 북극권에서 멀리 떨어져 있음에도 불구하고, 북극의 기후 변화가 중국의 농업과 경제에 직접적인 영향을 미친다는 논리를 내세워 북극 문제의 핵심 이해당사자임을 자처한 것입니다.

이는 물리적 영토의 한계를 지적 영향력과 경제적 권리로 극복하려는 전략입니다. 중국은 북극이 인류 공동의 자산임을 강조하며, 연안국이 아닌 국가들도 자원 개발과 항로 이용에 동등한 권리를 가져야 한다고 주장합니다. 이는 제1장에서 살펴보았던 비단길의 주역들이 사막을 넘어 문명의 지평을 넓혔던 방식의 현대적 적용이라 할 수 있겠습니다. 인간의 사유가 빚어낸 영토의 재정의는 북극이라는 미지의 공간을 중국의 전략적 가시권 안으로 끌어들였습니다.

중국의 이러한 행보는 시진핑 정부가 추진하는 거대 경제권 구상인 일대일로(一帶一路, Belt and Road Initiative)의 북극 판, 즉 '빙상 실크로드(Polar Silk Road)' 구상으로 구체화되었습니다. 중국은 쉐룽(雪龍)호와 같은 첨단 쇄빙 탐사선을 앞세워 북극해의 데이터를 집요하게 수집하고 있으며, 북극권 국가들과의 과학 협력을 명분으로 현지 인프라에 막대한 자본을 투입하고 있습니다.

이는 과거 실크로드를 통해 세계의 중심이 되고자 했던 중화주의적 열망이 이제는 유라시아 대륙의 북쪽 끝 얼음바다를 향해 뻗어 나가고 있음을 상징합니다. 앞서 살펴보았던 칭기즈칸의 역참제가 대륙을 하나로 묶었듯이, 중국은 빙상 실크로드를 통해 바다의 역참망을 구축하려 합니다.

얼음이 녹아 열린 이 지름길을 중국은 패권 국가로 도약하기 위한 전략적 수단으로 정착시키기 위한 준비를 해 나가고 있는 것입니다. 지리적 숙명을 자본과 기술로 극복하려는 중국의 야심은 북극의 얼음을 녹이는 열기보다 더 뜨겁게 타오르고 있습니다.

말라카 딜레마, 생존을 위한 북쪽으로의 탈출

중국이 북극에 집착하는 가장 현실적인 이유는 '말라카 딜레마(Malacca Dilemma)'라고 불리는 해상 안보의 취약성 때문입니다. 현재 중국으로 향하는 에너지와 물자의 대부분은 미 해군이 실질적인 통제권을 행사하는 남중국해와 말라카 해협을 통과합니다. 만약 미국과의 갈등이 극에 달해 이 좁은 해협이 봉쇄된다면, 중국 경제는 그 즉시 심장이 멈추는 위기에 처하게 됩니다.

이러한 상황에서 북극항로는 미국 중심의 해상 포위망을 단번에 무력화할 수 있는 전략적 비상구가 됩니다. 빙상 실크로드를 이용할 경우 상하이에서 로테르담까지의 항해 거리는 기존 항로보다 약 30%가량 단축되며, 이는 단순히 물류비용의 절감을 넘어 중국이 세계 경제의 새로운 규칙 제정자로 부상할 수 있는 물적 토대를 제공합니다.

우리는 여기서 길을 다스리는 자가 세계를 다스린다는 역사의 준엄한 법칙이 21세기 북극해에서 어떻게 실현되고 있는지 목격하게 됩니다. 얼음이 사라진 자리에 드러난 검푸른 물길은 중국에게 있어 패권국가로의 야심을 키워줄 효과적인 수단인 셈입니다.

얼음 위에서 맺어진 전략적 동맹

중국은 북극해로의 효과적 진출을 위해 가장 강력한 경쟁자인 러시아를 파트너로 선택했습니다. 자본과 기술은 풍부하지만 북극 진입의 영토적 명분이 부족한 중국과, 광대한 북극 영토를 가졌으나 서방의 제재로 자금이 절실한 러시아의 이해관계가 맞물린 결과입니다. 두 나라는 러시아 북부 야말(Yamal) 가스전 개발 프로젝트와 같은 대규모 에너지 협력을 통해 얼음 위의 혈맹을 공고히 하고 있습니다.

지정학적으로 볼 때, 이 중러 동맹은 북극을 서방 세계의 접근이 차단된 그들만의 권위주의적 요새로 만들 수 있다는 점에서 국제 사회의 우려를 낳고 있습니다. 이는 두 거대 권력이 기후 변화라는 인류 공통의 비극을 자신들의 지정학적 이익으로 전환하기 위해 손을 잡은 이기적인 풍경으로 비춰집니다. 앞서 우리가 성찰했던 파우스트적 역설의 현장 위에서, 두 나라는 지구가 흘리는 눈물을 닦아주기보다 그 눈물이 고인 바다 위에서 새로운 패권의 성을 쌓고 있는 것입니다. 러시아의 물리적 통제력과 중국의 경제적 영향력이 결합된 이 밀월은 북극의 신냉전 구도를 더욱 고착화하고 있습니다.

미국의 북극 회귀와 그린란드

오랫동안 북극 문제를 환경적 관점에서만 바라보던 미국은 중국과 러시아의 급격한 밀착을 목격하며 전략적 수정을 단행했습니다. 미국은 중국이 주장하는 '근북극 국가'라는 개념 자체를 국제법적 근거가 없는 허구로 규정하며 정면으로 반박하고 나섰습니다. 미국은 알래스카를 중심으로 한 북극권 군사력을 강화하는 한편, 북극해의 요충지인 그린란드에 대한 지배력을 높이기 위해 영사관을 재개설하고 막대한 경제 지원을 쏟아붓고 있습니다.

과거 미국 정부가 제안했던 그린란드 매입 시도는 단순한 해프닝이 아니었습니다. 그것은 중국의 자본이 그린란드의 공항이나 희토류 광산에 침투하는 것을 원천 차단하겠다는 미국의 강력한 의지의 표현이었습니다.

미국은 '항행의 자유'라는 명분을 앞세워 러시아와 중국의 북극 독점을 견제하며, 나토(NATO) 회원국들과의 연합 훈련을 통해 북극의 방패를 더욱 견고히 하고 있습니다. 이제 북극은 환경 보호의 성소가 아니라, 서구 진영과 권위주의 진영이 충돌하는 최전선이 되어가고 있습니다.

중국의 야심과 미국의 견제가 충돌하는 북극해의 현실은 인류 문명이 처한 거대한 모순을 상징합니다. 기후위기의 최전선인 이 예민한 현장에서 이 초 강대국들은 얼음 위에 새로운 철의 장막을 치고 있습니다. 중국이 그리는 빙상 실크로드와 이를 막으려는 미국의 전략은 북극의 해빙(解氷, Ice Melting)속도보다 더 빠르게 냉전적 구도를 고착화하고 있는데, 이 갈등구조를 해결할 국제적 규범은 무엇일까요?

이런 의문을 안고 이제 우리는 이 패권의 파도를 넘어, 북극의 물길을 나누고 있는 법적·외교적 선들이 어떻게 그어지고 있는지, 그리고 그 속에서 우리가 지켜야 할 진정한 공존의 가치가 무엇인지 확인해 보겠습니다.

| 5-3절 그어진 선들과 부딪치는 주권의 파도 |

우리는 앞선 논의들을 통해 러시아의 물리적 요새화와 중국의 인식적 확장, 그리고 이를 저지하려는 미국의 패권적 응전을 목격했습니다. 하지만 이 '신(新) 그레이트 게임'이 펼쳐지는 진정한 전장은 쇄빙선의 갑판이나 미사일 기지뿐만이 아닙니다. 그것은 눈에 보이지 않는 바다 위의 선(新), 즉 국제법이라는 이름의 정교한 논리 체계 속에 존재합니다. 따라서 북극해의 지정학적 갈등을 유발하는 근본 원인인 해양법의 개념들을 해부하고, 그 선들이 어떻게 국가의 욕망과 부딪치며 파도를 일으키는지 살펴볼 필요가 생깁니다.

내해와 영해, 주권의 가장 은밀한 영토

인류에게 바다는 오랫동안 공유지였으나, 근대 국가 체제가 확립되면서 바다는 육지의 연장선으로 재정의되었습니다. 그중 가장 강력한 권리가 행사되는 곳이 바로 내해(Internal Waters)입니다. 내해는 육지 안쪽의 바다로, 국가의 완벽한 주권이 미치는 바다로 된 영토입니다. 러시아가 북동항로의 상당 부분을, 캐나다가 북서항로의 섬 사이 수로를 내해라고 주장하는 이유는 이곳에 진입하는 모든 외국 선박을 자국법으로 완벽히 통제하고 싶어 하기 때문입니다.

내해를 벗어나면 만나는 영해(Territorial Sea)는 해안선으로부터 12해리(약 22km)까지의 수역입니다. 이곳 역시 국가의 주권이 미치지만, 인류는 소통을 위해 하나의 예외를 두었습니다. 바로 무해통항권(Right of Innocent Passage)입니다. 이는 외국 선박이 연안국의 안전과 질서를 해치지 않는 한 자유롭게 지나갈 수 있는 권리입니다.

국제법적으로 볼 때, 무해통항권은 소유와 이동이라는 두 가치의 타협점입니다. 하지만 북극해에서는 이 타협점이 위태롭게 흔들리고 있습니다. 연안국들은 기후 위기로 열린 이 지름길을 자신들의 안방(내해, 혹은 영해)으로 삼으려 하고, 이용국들은 이곳이 모든 인류가 누려야 할 자유로운 길(국제 수역)이라고 맞서고 있습니다. 바다가 이제는 선 하나를 두고 논리가 충돌하는 법적 전쟁터가 된 것입니다.

욕망이 허용된 200해리의 경계, 배타적 경제수역(EEZ)

과거의 바닷길이 단순히 물자가 지나는 통로였다면, 현대의 바다는 그 자체로 거대한 자원의 저장고입니다. 이를 규정하는 핵심 개념이 바로 배타적 경제수역(Exclusive Economic Zone, EEZ)입니다. 해안선으로부터 200해리(약 370km)까지 설정되는 이 수역에서 연안국은 어업 자원과 해저 자원에 대한 독점적 권리를 갖습니다.

북극해 연안국들에게 EEZ는 지구가 열병을 앓으며 내준 보물 창고의 열쇠와 같습니다. 우리가 뒤이어 살펴볼 제6장의 거대한 자원들은 대부분 이 EEZ라는 울타리 안에 숨겨져 있습니다. 북극해 연안국들은 이 200해리라는 선을 통해 바다를 사유화하는 데 성공했지만, 역설적으로 이 선들은 인접 국가들 사이의 끊임없는 분쟁을 낳았습니다.

북극해는 여러 국가의 해안선이 복잡하게 얽혀 있어 EEZ가 겹치는 구간이 많기 때문입니다. 주권을 지키려는 선과 자원을 탐하는 선이 얽히는 순간, 북극의 차가운 바다는 언제든 뜨거운 갈등의 장으로 변모할 준비를 마칩니다.

대륙붕과 확장 대륙붕, 심해 바닥을 향한 수직의 영토

지정학적 갈등이 수평적 경계를 넘어 수직적 심해로 확장되는 지점이 바로 대륙붕(Continental Shelf)입니다. 유엔 해양법 협약(UNCLOS)은 육지의 지질학적 특성이 바다 밑으로 이어진 구간을 대륙붕으로 인정하고, 그곳의 광물 자원에 대한 권리를 연안국에 부여합니다.

특히 주목해야 할 개념은 확장(연장) 대륙붕입니다. 만약 자국의 대륙붕이 지질학적으로 200해리 너머까지 이어져 있음을 과학적으로 입증한다면, 연안국은 최대 350해리까지 자원 권할권을 확장할 수 있습니다.

이는 현대판 영토 확장 전쟁의 정점입니다. 러시아, 캐나다, 덴마크(그린란드)가 북극점 아래의 로모노소프 해령을 두고 서로 자국 대륙의 연장이라고 주장하는 이유는, 그 심해 바닥에 잠긴 천문학적 가치의 자원 주권을 확보하기 위함입니다. 빛조차 닿지 않는 바다 밑바닥까지 선을 긋고 싶어하는 인간의 욕망이 충돌하는 현장인 것입니다.

우리가 이미 함께 고민했던 파우스트적 역설의 현장에서, 강대국들은 얼음이 녹아 드러난 심해 지형을 자국의 영토로 편입시키기 위해 방대한 과학 데이터를 무기화하고 있습니다. 대륙붕을 둘러싼 논쟁은 단순히 과학의 문제가 아니라, 인류가 지구의 마지막 남은 공적 영역을 어떻게 나누어 가질 것인가에 대한 비정한 분할의 철학을 보여줍니다. 이러한 법적 토대 위에 세워진 선들은 이제 항행의 자유와 연안국의 통제권이라는 또 다른 거대한 파도와 정면으로 충돌하게 됩니다.

항행의 자유와 공해, 인류 공동의 권리라는 나침반

법의 선들이 바다를 조각내고 있을 때, 이에 대항하는 가장 강력한 철학적·법률적 논리는 항행의 자유(Freedom of Navigation)입니다. 국제법상 어느 국가의 주권도 미치지 않는 인류 공동의 공간인 공해(High Seas)에서는 모든 국가의 선박이 누구의 간섭도 받지 않고 자유롭게 항해할 권리를 누립니다. 이는 인류가 수천 년간 길을 내며 지켜온 소통의 존엄이자, 문명의 혈류를 막지 않겠다는 보편적 약속입니다.

항행의 자유는 바다를 닫힌 영토가 아닌 열린 소통의 장으로 보려는 인류의 의지입니다. 미국과 유럽 국가들은 북극해의 상당 부분이 특정 국가의 소유가 될 수 없는 국제 수역임을 강조하며, 이곳이 모든 인류를 위한 자유로운 소통의 고속도로가 되어야 한다고 주장합니다.

앞서 우리가 목격했던 실크로드의 낙타 행렬이 국경을 넘어 지혜를 날랐듯이, 현대의 선박들 또한 북극이라는 지름길을 통해 문명의 교류를 지속할 권리가 있다는 논리입니다. 이는 바다를 자신의 안방으로 삼으려는 연안국과, 그 문을 열어두려는 이용국 사이의 피할 수 없는 법적, 철학적 대결입니다.

UNCLOS 제234조 '빙해수역' 조항의 역설

북극해의 법적 공방을 더욱 복잡하고 미묘하게 만드는 결정적인 변수는 유엔 해양법 협약 제234조, 일명 빙해수역

(Ice-Covered Areas) 조항입니다. 이 조항은 1년 중 대부분이 얼음으로 덮여 있어 항행이 위험하고 환경 오염의 우려가 큰 수역에 한해, 연안국이 배타적 경제수역(EEZ) 내에서 외국 선박에 대해 국제 표준보다 훨씬 엄격한 환경 규제와 통제권을 행사할 수 있도록 허용합니다.

이 조항은 매우 기묘한 역설을 품고 있습니다. 본래 환경 보호를 목적으로 제정된 이 조항이, 현실에서는 러시아와 캐나다가 자국의 항로 통제권을 강화하는 법적 방패로 사용되고 있기 때문입니다. 그들은 이 조항을 근거로 외국 선박의 진입을 사전에 승인받게 하고, 고액의 통행료와 자국 쇄빙선의 호송을 강제합니다.

문제는 우리가 이미 성찰해 보았던 지구의 열병으로 인해 북극의 얼음이 빠르게 사라지고 있다는 점입니다. 이용국들은 이제 북극해가 "일 년 중 대부분 얼음으로 덮여 있다"는 제234조의 전제 조건이 무너졌다고 주장하며 연안국의 통제권에 반기를 듭니다. 반면 연안국들은 얼음이 녹아도 항해의 위험성은 여전하며 환경은 더욱 취약해졌다는 논리로 방패를 더욱 견고히 세웁니다. 이는 자연의 변화와 법의 고착

사이에서 발생하는 거대한 시차(Time-lag)의 현장입니다.

법의 선 위에 세워지는 새로운 질서와 자원의 유혹

결국 북극해의 법률적 해부는 주권의 수호와 이동의 자유라는 두 거대한 가치가 정면으로 충돌하는 지점에서 마무리됩니다. 연안국들은 자신들의 안보와 생태계를 지키기 위해 바다 위에 보이지 않는 검문소를 세우려 하고, 이용국들은 그 검문소가 인류가 누려야 할 지름길의 경제성과 보편적 권리를 침해한다고 맞섭니다.

우리는 여기서 길을 낸다는 행위가 얼마나 정치적인지를 다시금 깨닫습니다. 로마 가도가 제국의 질서를 위해 닦였고, 대륙의 운하들이 강대국의 패권을 위해 건설되었듯이, 북극항로 위에 그어지는 국제법의 선들 또한 누군가에게는 권력의 도구이고 누군가에게는 저항의 대상입니다. 주권이라는 이름의 파도가 항행의 자유라는 선박을 덮칠 때, 북극의 물길은 단순한 지리학적 통로를 넘어 문명 간의 규범적 전쟁터가 됩니다.

북극해의 갈등이 단순히 총포의 위협 때문이 아니라, 우리가 만든 '법의 해석'에서 시작되고 있음이 흥미롭습니다. 내해와 영해를 둘러싼 영토적 집착, 배타적 경제수역과 대륙붕을 향한 자원의 욕망, 그리고 빙해수역 조항을 활용한 통제권의 행사는 모두 인류가 이 새로운 길을 어떻게 '소유'할 것인가에 대한 난해한 법리적 주장들입니다.

우리는 이제 이 법률적 토대 위에 그어진 선들이 실제 현장에서 어떻게 충돌하며 구체적인 분쟁 사례들을 만들어내고 있는지 살펴봐야 합니다. 이러한 법적 공방은 뒤이어 마주할 자원 확보의 사투와 유기적으로 결합하여, 북극항로가 왜 단순한 물류로가 아닌 패권의 용광로인지를 증명할 것입니다.

이제 우리는 법의 이론을 넘어, 그어진 선들이 국가의 생존을 건 피와 땀으로 부딪치는 실제 갈등의 파도 속으로 다음 발걸음을 옮겨 보겠습니다.

| 5-4절 분쟁의 현장과 국제적 과제 |

우리는 앞서 내해와 영해, 그리고 배타적 경제수역과 확장 대륙붕이라는 법률적 선들이 북극해를 어떻게 조각내고 있는지 살펴보았습니다. 하지만 불행하게도 종이 위에 그려진 이 정교한 선들은 실제 북극의 차가운 바다 위에서 날 선 긴장과 구체적인 충돌로 변화하고 있습니다.

그러면 이제는 추상적인 법리를 넘어, 국가의 생존과 자부심이 부딪치는 실제 분쟁의 현장으로 들어가 인류가 이 새로운 길 위에서 마주한 지정학적 진실을 확인해 봅니다.

북극점 쟁탈전

북극해 영유권 분쟁의 가장 상징적이고도 극적인 장면은 2007년 8월, 러시아의 심해 잠수정 미르(Mir)호가 북극점 해저 4,261m 바닥에 부식되지 않는 티타늄으로 만든 러시아 국기를 꽂았을 때 연출되었습니다. 이는 단순히 과학적 탐사를 넘어, 북극점 주변의 거대한 해저 산맥인 로모노소프 해령(Lomonosov Ridge)이 자국 대륙붕의 연장선임을 전 세계에 공표한 지정학적 선언이었습니다.

역사의 반동인 이 사건은 19세기 탐험가들이 미지의 땅에 깃발을 꽂으며 영유권을 주장하던 정복의 시대가 현대적인 기술의 옷을 입고 부활했음을 보여줍니다. 러시아뿐만 아니라 캐나다와 덴마크(그린란드) 역시 이 해령이 자국 영토의 지질학적 뿌리라고 주장하며 유엔 대륙붕한계위원회

(CLCS)에 방대한 데이터를 제출하고 있습니다.

이들이 빛조차 닿지 않는 심해 바닥에 집착하는 이유는 명확합니다. 앞서 살펴보았던 대륙붕 주권이 확정되는 순간, 북극점 주변에 매장된 천문학적 가치의 자원과 항로 통제권을 합법적으로 독점할 수 있기 때문입니다. 북극점은 이제 인류 공영의 상징이 아닌, 국가 권력들이 벌이는 수직적 영토 확장의 최전선이 되었습니다.

우방 사이의 차가운 주권 다툼

북극해의 갈등은 비단 적대적 관계에 있는 국가들 사이에서만 일어나는 것이 아닙니다. 안보적으로 굳건한 동맹인 미국과 캐나다 역시 알래스카와 유콘 주 사이의 보퍼트 해(Beaufort Sea)를 두고 수십 년째 평행선을 달리고 있습니다. 캐나다는 과거 영국과 러시아가 맺은 조약에 근거해 경계선을 그어야 한다고 주장하는 반면, 미국은 앞서 정의했던 배타적 경제수역(EEZ)의 등거리 원칙을 내세우며 자국에 유리한 선을 긋고 있습니다.

이 분쟁 수역은 막대한 양의 석유와 가스가 매장된 것으로 추정되는 보물 창고입니다. 흥미로운 점은 두 나라가 평소에는 긴밀히 협력하면서도, 이 바다 위에서는 단 한 치의 양보도 없는 법적 공방을 지속하고 있다는 사실입니다. 국가의 이익 앞에서는 동맹이라는 외교적 가치보다 '자원과 길'이라는 물리적 헤게모니가 우선시됨을 보여주는 비정한 사례입니다. 우리는 여기서 길을 다스리는 권력이 현대 국제 정치에서 얼마나 절대적인 위치를 차지하는지 다시금 깨닫게 됩니다.

국경선 위에 핀 인본주의적 풍경

북극해의 분쟁이 언제나 살벌한 대치로만 이어지는 것은 아닙니다. 캐나다와 덴마크 사이에 놓인 작은 바위섬인 한스섬(Hans Island)의 사례는 지정학적 갈등을 해결하는 인류의 또 다른 지혜를 보여줍니다. 양국은 수십 년 동안 이 섬의 영유권을 두고 다투며, 상대국 군대가 방문할 때마다 자국의 술을 두고 오는 이른바 '위스키 전쟁'을 벌였습니다.

비록 최근 두 나라가 섬을 절반으로 나누어 국경선을 확정하며 분쟁을 종식했지만, 이 서사는 우리에게 중요한 통찰을 줍니다. 영토를 향한 욕망 속에서도 상대의 존재를 인정하고 평화적인 방식을 유지하려는 노력이 가능하다는 사실입니다. 이는 우리가 뒤이어 살펴볼 북극 이사회의 공조 체제와 같은 다자간 협력이 나아가야 할 방향을 제시합니다. 법의 선이 부딪치는 파도 위에서도 인류는 유머와 배려라는 인문학적 완충재를 통해 파국을 막은 좋은 선례를 만든 것입니다.

중재자의 침묵

이제 우리는 개별적 분쟁들을 넘어, 북극항로 전체의 운영권을 두고 벌어지는 더 거대하고 조직적인 국제적 과제들을 마주해야 합니다.

개별적인 영유권 다툼과 환경 문제를 조율하기 위해 인류가 만든 가장 권위 있는 협의체가 바로 북극이사회(Arctic Council)입니다. 1996년 오타와 선언을 통해 설립된 이 기구는 북극권 8개국(미국, 러시아, 캐나다, 노르웨이, 덴마크, 아이슬란드, 스웨덴, 핀란드)과 원주민 대표들이 모여 지속가능한 개발과 환경 보호를 논의하는 '북극의 유엔' 역할을 수행해 왔습니다.

인문학적으로 볼 때, 북극이사회는 북극 예외주의(Arctic Exceptionalism)라는 고귀한 철학적 토대 위에 서 있었습니다. 이는 북극 밖에서 어떤 정치적·군사적 갈등이 있더라도,

인류의 마지막 성소인 북극해만큼은 평화와 과학적 협력의 공간으로 남겨두자는 약속이었습니다. 하지만 이 견고하던 약속은 최근 우크라이나 전쟁이라는 비극적인 현실에 부딪혀 산산조각이 났습니다.

러시아를 제외한 7개국(Arctic 7)이 의사 결정 참여를 거부하면서, 창설 이래 단 한 번도 멈추지 않았던 협력의 엔진은 차갑게 식어버렸습니다. 이는 우리가 앞서 목격했던 인공지능 항로 개척이나 기후 데이터 공유와 같은 전 지구적 프로젝트들이 정치적 경계선에 가로막혀 마비되었음을 의미합니다.

중재자가 사라진 바다 위에서 강대국들은 법률적 선들을 자의적으로 해석하며 자국의 이익을 극대화하려 하고 있습니다. 협력의 나침반이 고장 난 지금, 북극은 인류가 공동의 위기 앞에서 얼마나 성숙한 외교력을 발휘할 수 있는지를 묻는 준엄한 시험대가 되었습니다.

얼어붙은 장막

북극이사회의 기능 마비는 단순한 외교적 단절을 넘어, 인류가 기후 위기에 대응하기 위해 확보해야 할 지식의 공백을 야기하고 있습니다. 러시아는 북극 해안선의 절반 이상을 차지하고 있으며, 지구 온난화의 핵심 지표인 메탄 방출 데이터의 상당 부분이 러시아 영토에서 수집됩니다.

지정학적 갈등으로 인해 이 데이터의 흐름이 끊기는 과학적 블랙아웃이 발생하면서, 인류는 지구가 보내는 경고음을 절반밖에 듣지 못하는 귀머거리가 되었습니다. 이 사태는 인간의 정치적 탐욕이 행성적 생존을 위한 지혜를 압도하고 있는 비극적인 장면입니다. 광산의 카나리아가 쓰러지고 있는데, 광부들은 서로의 국적이 다르다는 이유로 구조 신호를 공유하지 않는 셈입니다.

이제 북극해는 항행의 자유를 주장하는 서방의 군함과 주권의 수호를 외치는 러시아의 잠수함이 교차하는 신냉전의 최전선이 되었습니다. 우리가 개척하려는 북극항로가 소통의 다리가 아닌 분쟁의 고속도로가 될 수 있다는 우려는 이제 피할 수 없는 현실로 다가와 있습니다. 인류는 지금 자신의 지혜로 만든 법과 제도를 스스로 허물며, 북극이라는 공유지를 다시 약육강식의 전쟁터로 되돌리려 하고 있습니다.

법의 선을 넘어 욕망의 심연으로

인류는 이제 지정학적 파고가 소용돌이치는 바다 위에 그어진 수많은 선들을 지구적 가치를 보호하기 위한 울타리로 만들 것인지 아니면 전쟁을 부르는 도화선으로 흑화하는 것을 지켜볼건지 결정해야 합니다. 우리가 살펴본 북극점의 티타늄 국기와 보퍼트해의 평행선, 그리고 마비된 북극이 사회는 모두, 인류가 이 새로운 지름길을 온전히 걸을 도덕적 준비가 되어 있지 않음을 가리키고 있습니다.

하지만 강대국들이 이토록 치열하게 충돌하는 근본적인 원인은 단순히 지도상의 영토를 넓히기 위함만이 아닙니다. 그들이 그토록 지키고 싶어 하는 '선'의 밑바닥에는, 인류 문명의 다음 단계를 지탱해 줄 거대한 유혹이 잠들어 있기 때문입니다. 앞서 우리가 고민했던 파우스트적 역설의 현장, 즉 얼음이 사라진 자리에서 드러난 천문학적 가치의 '자원'이야말로 이 모든 갈등의 보이지 않는 엔진입니다.

이제 우리는 법의 공방과 지정학적 대치를 넘어, 그 차가운 바다 아래 잠든 거대한 보물을 향한 인류의 뜨거운 집착을 마주해야 합니다. 국가의 주권 분쟁을 불러온 실체적인 힘, 즉 에너지와 광물 자원을 둘러싼 사투를 다루는 제3부 '욕망과 기술의 연금술'의 첫 번째 장으로 항해를 이어가 보겠습

니다. 그곳에는 얼어붙은 대지 아래 잠든 인류의 마지막 욕
망이 우리를 기다리고 있습니다.

제3부

욕망과 기술의 연금술

제6장 | 동토 아래 잠든 보물

6-1절　북극해 매장 자원의 규모와 가치
6-2절　자원 확보를 위한 공학적 사투
6-3절　화석 연료의 마지막 보루와 에너지 주권
6-4절　전략 광물이 흔드는 공급망의 판도

제7장 | 호모 파베르의 정수, 얼음 성벽을 넘는 테크네

7-1절　원자력 쇄빙선과 얼음을 짓누르는 기술
7-2절　데이터의 심연에서 찾은 지능형 항로
7-3절　북극 해저의 정보 혁명

제8장 | 북극항로가 바꿀 세계 경제의 맥박

8-1절　수에즈의 그늘을 벗어나다
8-2절　막다른 골목에서 세계의 관문으로
8-3절　효율의 덫을 넘어 복원력의 거점으로
8-4절　정화의 교훈과 한국의 전략적 나침반

욕망과 기술의 연금술

인류의 역사는 대지 위에 선을 긋고 바다 위에 항적을 남기며 단절된 세계를 하나로 이어온 거대한 개척의 서사였습니다. 우리는 앞선 여정들을 통해 고대 비단길과 로마 가도가 일군 문명의 교류를 보았고, 지구가 앓고 있는 열병이 아이러니하게 열어젖힌 북극의 문과 그 위에서 벌어지는 냉혹한 패권 경쟁을 목격했습니다. 이제 우리는 이 비극적인 지름길이 어떻게 인류 문명의 실질적인 활로가 되고 있는지, 그리고 인간의 욕망이 첨단 기술이라는 도구와 만나 어떻게 얼어붙은 북극해를 황금의 항로로 탈바꿈시키고 있는지 그 뜨거운 현장을 탐험해보고자 합니다.

얼음의 봉인을 푸는 인류의 집착

북극항로는 이제 막연한 상상이나 환경론자들의 우려 섞인 경고 속에만 머물지 않습니다. 그것은 이미 거대한 상선들이 유빙을 헤치며 지나가는 현실의 바닷길이며, 전 지구적 물류의 시간을 단축하고 에너지의 흐름을 바꾸는 문명의 새로운 신경계로 기능하기 시작했습니다. 우리가 이 차가운 바다에 그토록 집착하는 근본적인 이유는 결국 그 깊은 심연 아래 잠든 거대한 자원에 있습니다. 지구가 온도를 높이며 백색의 방패를 내려놓자, 수만 년 동안 인류의 손길이 닿지 않았던 검은 황금과 미래 산업의 쌀들이 그 존재를 드러냈기 때문입니다.

이것은 어쩌면 거대한 연금술의 현장입니다. 과거의 연금술사들이 보잘것없는 금속을 금으로 바꾸려 했다면, 현대의 인류는 기술이라는 마법을 부려 쓸모없는 얼음 덩어리의 공간을 문명의 동력으로 전환하고 있습니다. 하지만 이 화려한 연금술의 이면에는 우리가 이미 함께 성찰해 보았던 파우스트적 역설이 짙게 드리워져 있습니다.

화석 연료를 태워 북극의 얼음을 녹였는데, 그 녹아버린 바다에서 다시 인류의 탐욕을 채울 자원을 캐내는 행위는 우리 문명이 지닌 근원적인 모순을 고스란히 투사합니다. 제3부에서는 이 유혹과 책임이 교차하는 지점에서 인류가 어떤 공학적 승리를 거두고 있는지, 그리고 그 성취가 세계 경제의 맥박을 어떻게 바꾸고 있는지를 추적할 것입니다.

호모 파베르의 웅전과 지능형 항해의 시대

우리가 목격하게 될 풍경은 인간의 지성이 극한의 환경과 사투를 벌이며 얻어낸 값진 전리품들입니다. 영하 50도를 넘나드는 추위와 강철마저 종잇장처럼 구겨버리는 거대한 유빙의 압박 속에서도 인류는 굴복하지 않았습니다. 오히려 그 가혹한 장벽은 인간의 제작 본능인 호모 파베르의 정수를 끌어냈습니다. 원자력이라는 인공의 태양을 품은 거대 쇄빙선이 항로를 조각하고, 보이지 않는 인공지능 알고리즘이 유동적인 얼음의 바다 위에서 최적의 길을 찾아내는 모습은 인류가 도달한 기술적 숭고함의 정수라 할 수 있습니다.

이제 북극해는 단순히 배가 지나는 수로를 넘어 정보와 기술이 빛의 속도로 흐르는 지능형 공간으로 진화하고 있습니다. 과거 탐험가들이 별자리에 의지해 목숨을 걸고 길을 찾았다면, 현대의 항해자들은 위성 데이터와 디지털 신경망을 통해 바다의 상태를 실시간으로 재구성합니다.

이러한 기술적 도약은 물리적 거리의 제약을 무너뜨리고 동양과 서양의 경제 권역을 유례없이 촘촘하게 연결할 것입니다. 우리는 이 기술의 행렬을 따라가며, 대한민국이 이 새로운 무역 질서 안에서 어떤 나침반을 들어야 할지,

그리고 기회를 실기했던 과거의 교훈을 어떻게 미래의 비전으로 승화시킬 것인지 냉철하게 분석해 볼 것입니다.

결국 제3부의 여정은 북극항로가 가진 경제적 가치를 넘어 우리가 미래 세대에게 물려줄 수 있는 지속 가능한 문명의 형상을 찾아가는 과정입니다. 기술의 발전이 자연의 빗장을 열었다면, 이제는 그 기술을 활용해 상처 입은 지구를 보듬으며 나아가는 지혜가 필요합니다. 얼음이 비켜난 자리에서 피어나는 새로운 가능성, 그리고 그 가능성을 현실로 바꾸는 욕망과 기술의 드라마를 이제 본격적으로 시작해 보겠습니다.

제6장　동토 아래 잠든 보물

인류 문명의 진보는 에너지를 길들여 온 과정과 궤를 같이합니다. 불의 발견이 인류를 맹수로부터 보호하고 지능을 발달시켰다면, 석탄과 석유는 대량 생산과 대량 소비의 시대를 열어 전례 없는 풍요를 선사했습니다. 그러나 그 풍요의 대가로 지구는 뜨겁게 달아올랐고, 아이러니하게도 그 열기가 북극의 얼음을 녹여 인류를 다시금 거대한

자원의 보고 앞으로 불러세웠습니다. 제6장에서는 북극해 아래 잠든 막대한 자원이 세계 에너지 패러다임을 어떻게 뒤흔들고 있는지, 그리고 그 자원을 대하는 우리의 선택이 인류 문명의 다음 장을 어떻게 결정지을지를 조명합니다.

북극은 수만 년 동안 인간의 발길이 닿지 않는 얼음 성채 속에 자신을 보호해 왔습니다. 하지만 그 장막이 걷히자 드러난 모습은 가히 압도적이었습니다. 에너지 자립을 꿈꾸는 국가들에게 북극은 거부할 수 없는 유혹으로 다가왔으며, 이는 단순히 숫자로 환산되는 부의 가치를 넘어 국가의 자원 안보와 패권의 향방을 결정짓는 핵심적인 전략 자산으로 부상했습니다. 하지만 화석 연료의 소비가 북극을 녹였고, 그 녹은 바다에서 다시 화석 연료를 캐내려는 인류의 행보는 지독한 자기 파괴적 역설을 내포합니다. 우리는 이 뜨거운 욕망의 현장 속에서 문명의 지속 가능성이 어디까지 허용될 수 있는지를 묻게 됩니다.

| 6-1절 북극해 매장 자원의 규모와 가치 |

인류 문명의 진보는 거친 대지 위에 길을 내고, 그 길을

통해 생존과 번영에 필요한 에너지를 길들여 온 거대한 도전의 기록입니다. 우리가 앞선 여정에서 목격했듯이, 고대의 비단길이 비단과 향료라는 물질적 욕망의 통로였다면, 대항해 시대의 해상 항로는 후추라는 검은 황금을 향한 갈망이 빚어낸 문명의 혈관이었습니다.

이제 지구가 앓고 있는 열병이 백색의 방패를 걷어내자, 인류는 북극해 아래 깊숙이 봉인되어 있던 마지막 자원의 보고 앞에 서게 되었습니다. 이번 여정에서는 북극해 아래 잠든 막대한 자원의 규모를 해부하고, 이것이 세계 경제의 맥박을 어떻게 바꾸어 놓고 있는지 살펴보겠습니다.

인류 문명의 동력을 운반하는 자원의 서사

인간은 본질적으로 도구를 만들고 에너지를 소비하며 자신의 지평을 넓혀온 호모 파베르(Homo Faber)입니다. 불의 발견이 인류를 어둠과 추위로부터 해방시켰다면, 석탄과 석유로 대변되는 화석 연료는 대량 생산의 시대를 열어 현대 문명의 찬란한 풍요를 일구어냈습니다. 길은 언제나 이러한 에너지가 흐르는 방향에 따라 닦였습니다. 로마의 가도가 제국의 행정력을 투사하기 위해 직선으로 뻗어나갔듯, 현대의 모든 항로와 파이프라인은 자원 안보라는 생존의 나침반을 따라 설계됩니다.

북극은 오랫동안 인류에게 범접할 수 없는 신비의 성소였으나, 기후 변화라는 비극적인 계기를 통해 지구상에 남은 마지막 미개척 자원의 공간으로 재정의되고 있습니다. 우리가 이미 성찰해 보았던 파우스트적 역설은 여기서 가장 극명하게 드러납니다. 인류가 누려온 화석 연료의 풍요가 북극의 얼음을 녹였고, 그 녹아버린 바다에서 다시 인류의 탐욕을 채울 거대한 에너지를 발견하는 이 순환 논리는 현대 문명이 지닌 근원적인 모순을 고스란히 투사합니다. 하지만 문명의 동력을 유지해야 하는 냉혹한 현실 속에서, 북극의 자원은 단순히 지하에 묻힌 물질이 아니라 국가의 명운을 결정짓는 핵심적인 전략 자산으로 부상하고 있습니다.

북극 자원의 가치가 세계적인 주목을 받게 된 결정적인 계기는 미국 지질조사국(USGS, United States Geological Survey)이 실시한 대대적인 조사 결과였습니다. 과학적 추계에 따르면 북극권에는 인류의 에너지 지도를 근본적으로 재편할 만큼 압도적인 양의 화석 연료가 매장되어 있습니다. 이곳에 잠든 미발견 석유 매장량은 약 900억 배럴로 추정되며, 이는 전 세계 미발견 석유 자원의 13퍼센트에 달하는 엄청난 규모입니다.

천연가스의 수치는 더욱 경이롭습니다. 약 47조 입방미터(약 1,669조 입방피트)에 달하는 천연가스가 북극해 지저에 매장되어 있는데, 이는 전 세계 미발견 천연가스 매장량의 30퍼센트를 차지합니다. 이 자원들은 특정 지점에 국한되지 않고 러시아의 바렌츠해(Barents Sea)와 카라해(Kara Sea), 미국의 보퍼트해(Beaufort Sea), 그리고 캐나다와 그린란드 주변 해역 등 북극권 연안국들의 배타적 경제수역 내에 광범위하게 분포되어 있습니다.

이러한 수치는 부의 중심축이 중동이나 아프리카의 사막에서 북쪽의 얼음 바다로 이동하고 있음을 의미합니다. 수 세기 동안 유지되어 온 에너지 패권의 지도가 다시 그려지는 과정입니다. 특히 현대 문명의 혈관을 흐르는 가장 핵심적인 재화인 액화천연가스(LNG, Liquefied Natural Gas)는 북극항로를 통해 그 흐름의 속도와 방향을 바꾸고 있습니다. 북극의 천연가스는 석탄이나 석유보다 탄소 배출량이 적어, 완전한 신재생 에너지 시대로 이행하기 위한 가교 에너지(Bridge Fuel)로서 그 가치가 날로 치솟고 있습니다. 북극권이 내어주는 이 얼음 속의 황금은 이제 세계 경제의 새로운 지형도를 결정짓는 강력한 변수가 되고 있습니다.

북극이 품은 보물은 액체와 기체 형태의 화석 연료에만 국한되지 않습니다. 인류가 탄소 문명을 넘어 4차 산업혁명과 녹색 에너지 시대로 도약하려 할 때, 북극은 미래 문명의 생존을 결정지을 핵심 광물의 보고로서 그 진면목을 드러냅니다. 얼음 아래 잠든 전략 광물들이 어떻게 전 세계 첨단 산업의 맥박을 조절하고 있는지, 그리고 아직 봉인된 미래의 불꽃이 인류에게 어떤 과제를 던지고 있는지 살펴볼 필요가 여기에 있습니다.

전략 광물과 희토류의 보고

오늘날 우리가 손에서 한시도 떼어놓지 않는 스마트폰, 전기차 배터리의 심장, 그리고 초정밀 유도 미사일에 이르기까지 첨단 기술의 집약체 속에는 반드시 희귀한 원소들이 소리 없이 박혀 있습니다. 인류는 이제 에너지 자립을 넘어 기술 자립을 꿈꾸며, 북극의 영구 동토 아래 잠든 리튬, 코발트, 니켈 그리고 희토류를 향해 손을 뻗고 있습니다. 어떻게 보면, 현대인은 북극의 먼지와 흙으로 빚어지는 디지털 토템을 몸에 지니고 살아가는 미래가 다가오는 셈입니다.

특히 그린란드 남단의 크바네피엘 광산은 세계 최대 규모의 희토류와 우라늄 매장지로 평가받으며, 특정 국가가 쥐고 있는 자원 패권에 대항할 수 있는 세계 유일의 전략적 거점으로 부상하고 있습니다. 러시아의 노릴스크 지역 또한 세계 니켈 생산의 중심지로서 이미 그 경제적 가치를 증명하고 있습니다.

하지만 이러한 광맥을 대하는 시선에는 녹색 파라독스(Green Paradox)라는 무거운 성찰이 뒤따릅니다. 인류는 기후 변화를 막기 위해 깨끗한 전기차를 타려 하지만, 그 차를 만들기 위해 다시 기후 변화의 최전선인 북극의 대지를 파헤쳐야 하기 때문입니다. 미래의 청정 에너지를 가능케 하는 보급처로서 북극이 갖는 가치는, 우리가 자연에 가하는 가해와 수혜의 복잡한 굴레를 상기시킵니다.

메탄 하이드레이트와 공존의 기술

여기에 더해 인류가 아직 본격적으로 손대지 못한 미래의 불꽃, 메탄 하이드레이트(Methane Hydrate)의 존재는 북극의 가치를 무한대로 확장합니다. 저온 고압의 환경에서 메탄 분자가 물 분자 속에 갇혀 얼음 형태로 고체화된 이 물질은 흔히 '불타는 얼음'이라 불립니다. 전 세계 매장

량의 상당 부분이 북극해 지저와 영구동토층 아래에 집중
되어 있습니다. 이론적으로 이곳의 메탄 하이드레이트만
으로도 인류 문명은 수백 년의 동력을 확보할 수 있으며,
연소시 이산화탄소 발생량이 석탄의 절반 수준에 불과해
차세대 청정 에너지원으로 기대를 모으고 있습니다.

하지만 이 보물은 양날의 검입니다. 채굴 과정에서 메탄
이 대량 방출될 경우, 온난화를 걷잡을 수 없이 가속화할
위험이 있기 때문입니다. 그럼에도 불구하고 에너지 주권
을 꿈꾸는 국가들에게 북극의 메탄 하이드레이트는 포기
할 수 없는 최후의 보루입니다. 인류가 불을 통제하며 문
명을 시작했듯, 이제 북극의 차가운 얼음 속에 갇힌 뜨거
운 에너지를 다루는 기술은 다음 세대의 문명적 수준을 결
정짓는 척도가 될 것입니다. 자원의 풍요에 경탄하는 것을
넘어, 이 자원이 만들어낼 새로운 문명의 질서와 윤리를
우리는 직시해야 합니다.

지금까지 확인된 북극의 가치는 단순한 경제적 수치를
넘어섭니다. 그것은 시간과 공간이 압축된 길 위에서 자원
의 안보와 지정학적 패권, 그리고 기술의 도덕성이 한데
뒤섞이는 용광로입니다. 북극의 자원은 단순히 지하에 묻
힌 물질이 아니라 우리 문명이 다음 시대로 건너가기 위해

붙잡고 있는 위태롭고도 든든한 생명선입니다. 우리는 이제 이 압도적인 풍요의 유혹 뒤에 숨겨진 차가운 진실, 즉 이 거대한 보물을 손에 넣기 위해 인간이 넘어야 할 기술적 한계와 공학적 사투의 현장으로 다음 발걸음을 옮겨 보겠습니다.

| 6-2절 자원 확보를 위한 공학적 사투 |

우리는 앞절에서 북극해 아래 잠든 막대한 자원의 규모와 그것이 세계 경제에 던지는 강렬한 유혹을 확인했습니다. 하지만 이 찬란한 보물 창고의 문턱에는 대자연이 수만 년 동안 쌓아 올린 겹겹의 빗장이 걸려 있습니다. 대항해 시대의 항해사들이 전설 속의 괴수와 이름 모를 질병에 공포를 느꼈다면, 현대의 공학자들은 물질의 물리적 성질마저 바꾸어버리는 극한의 저온과 강철마저 구겨버리는 어마어마한 해빙의 압력이라는 실체적인 시련을 마주하고 있습니다. 그래서 이번에는 인류가 북극의 자원을 손에 넣기 위해 넘어야 할 물리적 장벽과 그 장벽을 돌파하려는 공학적 사투의 현장을 살펴보는게 순서인 듯합니다.

극한의 저온이 빚어낸 물질의 항변

북극의 자원을 확보하기 위해 인간과 기계가 넘어야 할 첫 번째 장벽은 모든 생명과 물질의 활동을 정지시키려는 극한의 추위입니다. 한겨울 북극권의 기온은 영하 50도에서 60도 사이를 오르내리기도 하는데, 이는 단순히 춥다는 감각을 넘어 물질의 근본적인 물리력을 파괴합니다. 우리가 일상적으로 사용하는 탄소강(Carbon Steel)은 이 온도에서 유리처럼 부서지기 쉬운 취성(脆性, 물체가 탄성이 적어 충격을 받았을 때 굽어지지 않고 쉽게 부서지는 성질, Brittleness,) 상태가 되어, 아주 작은 충격에도 힘없이 균열이 가거나 산산조각 나고 맙니다.

이러한 환경에서 시추 설비를 가동하거나 자원을 운송하는 것은 현대판 연금술에 가까운 기술력을 요구합니다. 공학자들은 물질의 미세 구조를 재설계하여 극저온에서도 인성(Toughness)을 유지하는 특수 합금강을 개발해야 했으며, 기계의 심장부라 할 수 있는 윤활유가 고체로 굳어 버리지 않도록 특수 화학 성분의 부동액을 주입해야 했습니다.

인간의 노동력 또한 한계에 부딪힙니다. 두꺼운 방한 장비를 갖추고도 야외에서 단 몇 분 이상 버티기 힘든 환경에서 정밀한 시추 작업을 수행하는 것은 불가능에 가깝습니다. 결국 인류는 북극 자원을 위해 기계 장치 전체를 거대한 보온 덮개로 감싸거나, 아예 사람이 필요 없는 완전 자동화 및 원격 제어 시스템으로 공학적 진화를 거듭하고 있습니다. 이는 추위라는 자연의 억압에 맞서 인간의 지성이 기계의 육체를 어떻게 개조해 나가는지를 보여주는 호모 파베르의 응전입니다.

살아 움직이는 성벽과 요동치는 빙압의 공포

바다 위에 떠다니는 유빙(Drift Ice)과 빙산은 북극 자원 개발을 방해하는 가장 위협적인 물리적 실체입니다. 수백 톤에서 수만 톤에 이르는 얼음 덩어리들이 해류와 바람을 타고 불규칙하게 이동하며 시추 플랫폼을 직접 타격하거나, 해저 바닥에 설치된 파이프라인을 긁어 파손시킵니다. 특히 겨울철 바다를 덮는 거대한 얼음판이 팽창하며 가하는 압력인 빙압(Ice Pressure)은 인간이 만든 그 어떤 인공 구조물도 견디기 힘든 파괴력을 지니고 있습니다.

이를 해결하기 위해 인류는 배의 머리 부분이 아닌 바닥 면 전체로 얼음을 눌러 깨는 특수 쇄빙 기술과, 거대 유빙이 접근할 때 시추 설비 자체를 잠시 해체하여 대피시켰다가 다시 결합하는 탈부착식 시추 공법을 고안해냈습니다. 또한 얼음이 바다 밑바닥을 긁어버리는 아이스 스카우어(Ice Scour) 현상을 피하기 위해, 파이프라인을 해저면보다 수 미터 더 깊이 매설하는 고난도의 굴착 기술이 동원됩니다.

하지만 유동적인 얼음의 이동을 완벽히 예측하고 통제하는 것은 여전히 불가능의 영역에 가깝습니다. 자연이 허락한 좁은 틈새를 공략하려는 인간의 지혜는 매 순간 거대한 얼음의 무게라는 물리적 진실과 충돌하며 새로운 길을 모색하고 있습니다. 이러한 사투는 단순히 도구를 다루는 테크네의 문제를 넘어, 인류가 지구의 가장 완강한 거부권을 어떻게 지적으로 설득하고 이용할 것인가에 대한 성찰을 요구합니다.

북극의 자원은 차가운 바다 아래에만 숨어 있는 것이 아닙니다. 시베리아와 알래스카의 광활한 영구 동토층 아래에도 인류의 욕망을 자극하는 엄청난 양의 보물이 잠들어 있습니다. 하지만 이곳에서의 공학적 사투는 해상 작업 못지않게 까다롭습니다. 수만 년 동안 단단하게 얼어붙어 북극 문명의 기초를 든든히 지탱해주던 대지가, 이제는 인류가 뿜어낸 온난화의 열기 속에 진흙탕으로 변하며 인류를 배신하고 있기 때문입니다.

무너지는 대지의 배신과 영구 동토의 응전

　영구동토층은 본래 연중 내내 얼어 있는 지층으로, 그 자체로 거대한 건축물과 파이프라인을 지탱하는 천연의 암반 역할을 해왔습니다. 그러나 지구 온난화로 지표면의 온도가 상승하자, 얼음과 흙이 뒤섞인 이 지반이 서서히 녹아내리기 시작했습니다. 기존의 방식대로 송유관을 설치하거나 가스 액화 기지를 건설하면, 지열과 기온 상승으로 인해 지반이 불규칙하게 내려앉는 부등 침하(不等沈下, Differential Settlement) 현상이 발생합니다. 이는 공들여 세운 거대 구조물을 뒤틀리게 하고, 자칫 파이프라인의 파손으로 인한 대규모 기름 유출의 치명적인 원인이 됩니다.

　인류는 이러한 대지의 배신에 맞서 또 다른 공학적 기적을 일궈냈습니다. 러시아의 야말(Yamal) 가스전과 같은 곳에서는 수만 개의 냉각 파이프를 지하 깊숙이 박아 지반을 인위적으로 다시 얼리는 열사이펀(Thermosyphon) 기술을 도입했습니다. 지반 속의 열을 뽑아내 대지로 방출하는 이 장치들은 무너져가는 대지를 다시금 단단한 성벽으로 되돌려 놓습니다. 하지만 인문학적 관점에서 볼 때, 이는 지독한 역설의 풍경입니다. 화석 연료를 캐내기 위해 지구의 온도를 높였는데, 그 열기로 대지가 녹자 다시 엄청난 에너지를 쏟아부어 땅을 얼려야 하는 이 순환 논리는 현대 문명이 직면한 모순적 처지를 극명하게 보여줍니다. 우리는 지금 무너지는 발판 위에서 더 높은 탑을 쌓으려는 위태로운 응전을 계속하고 있는 것입니다.

생태적 취약성과 회복 불가능한 사고의 그림자

공학적 사투의 가장 어두운 단면은 만에 하나 발생할 환경 사고에 대해 인류가 여전히 무력하다는 사실입니다. 멕시코만과 같은 온대 해역에서의 원유 유출 사고는 비교적 활발한 박테리아의 활동과 신속한 방제 장비의 투입으로 어느 정도 수습이 가능합니다. 하지만 북극은 전혀 다른 차원의 세계입니다. 낮은 수온은 유출된 기름의 점도를 급격히 높여 끈적한 타르처럼 변화시키며, 이는 현대의 일반적인 방제 기술로는 회수하기가 거의 불가능에 가깝습니다.

더욱 치명적인 것은 북극해의 낮은 생물학적 활성입니다. 기름을 분해하는 미생물의 활동이 거의 없는 이곳에서 유출된 독성은 수십 년, 혹은 수백 년간 생태계의 심장을 마비시킵니다. 무엇보다 북극의 긴 겨울 동안 계속되는 극야(Polar Night)의 암흑과 거친 폭풍, 그리고 육지로부터 수천 킬로미터 떨어진 고립된 환경은 사고 발생 시 물리적인 방제 인력과 장비의 접근을 원천적으로 차단합니다. 유빙 아래로 흘러 들어간 기름을 완벽히 포착하여 제거하는 기술은 호모 파베르가 아직 도달하지 못한 미완의 영역으로 남아 있습니다.

결국 북극에서의 공학적 성취는 단순히 더 강한 기계와 정교한 설비를 만드는 성공의 서사가 아니라, 인간이 자연에 가하는 충격을 온전히 감당할 윤리적 자격이 있는지를 묻는 준엄한 시험대입니다. 자연이 허락하지 않는 길을 억지로 뚫으려는 인간의 의지는, 이제 탐욕의 도구를 넘어 공존의 기술로 거듭나야 하는 중대한 기로에 서 있습니다. 우리는 이 가혹한 시련을 뚫고 얻어낸 에너지와 자원이 인류 문명의 수명을 연장해줄 마지막 구원 투수가 될 수 있을지, 그 실질적인 고민이 필요합니다.

| **6-3절   화석 연료의 마지막 보루와 에너지 주권 |**

영구 동토층이 무너지고 유빙이 기계를 짓누르는 가혹한 환경 속에서도 인류가 시추기를 멈추지 않는 이유는 명확합니다. 그것은 단순히 더 많은 부를 쌓기 위함이 아니

라, 문명의 심장을 뛰게 할 동력을 확보하려는 처절한 생존 본능이자 에너지 패러다임의 전환기에 처한 인류가 붙잡고 있는 마지막 생명선이기 때문입니다. 그러기에 북극 자원이 현대 문명의 에너지 자립에 갖는 실질적 의미와 그 속에 담긴 지정학적 필연성을 살펴볼 필요가 있습니다.

에너지 현실주의와 가교 에너지의 가치

인류 문명이 탄소 중립(Carbon Neutrality)이라는 거대한 목표를 향해 나아가는 것은 생존을 위한 불가피한 선택입니다. 하지만 수 세기 동안 화석 연료라는 단단한 토대 위에 세워진 거대 문명의 방향을 한순간에 트는 것은 고통스럽고 복잡한 과정입니다. 신재생 에너지의 간헐성(날씨, 일조량, 풍속 등 자연환경의 변화에 따라 발전량이 시시각각 불규칙하게 변동하는 특성, Intermittency) 문제가 완벽히 해결되지 않은 과도기적 현실 속에서, 인류는 문명의 급격한 정지를 막아줄 신뢰할 수 있는 완충재를 필요로 합니다.

이 지점에서 북극의 천연가스는 단순한 연료 이상의 가치, 즉 가교 에너지(Bridge Fuel)로서의 독보적인 지위를 획득합니다. 천연가스는 석탄이나 석유에 비해 탄소 배출량이 현저히 적으면서도 대규모 액화 기술을 통해 전 세계 어디로든 안정적으로 수송할 수 있는 유연성을 제공합니다. 우리가 이미 고민했던 파우스트적 역설은 여기서 극명한 형태로 발현됩니다. 인류는 지구의 열을 식히기 위해 탄소를 줄이려 하지만, 그 변화를 감당할 시간을 벌기 위해 다시 한번 지구의 가장 예민한 성소인 북극의 빗장을 열어젖혀야 하는 상황에 처한 것입니다. 이는 현대 문명이 처한 지독한 에너지 현실주의의 민낯을 고스란히 보여줍니다.

에너지 주권, 국가 생존의 필연적 선택

에너지는 단순히 시장에서 거래되는 상품이 아니라, 한 국가의 생존과 독립을 결정짓는 가장 강력한 전략적 무기입니다. 과거 우리가 겪었던 오일쇼크의 역사는 특정 지역의 정세 변화가 에너지 공급망을 뒤흔들 때, 에너지 자립도가 낮은 국가의 안보가 얼마나 쉽게 모래성처럼 무너질 수 있는지를 비정하게 가르쳐 주었습니다. 오늘날 많은 국가가 북극항로 주변의 자원에 집착하는 근본적인 이유는, 타자의 손에 쥐어진 에너지 밸브에 휘둘리지 않는 진정한 에너지 주권을 확보하기 위함입니다.

전통적인 에너지 공급망이 중동의 사막이나 불안정한 내륙 파이프라인에 묶여 있었다면, 북극은 이제 전 세계 에너지 지형을 뒤흔드는 새로운 중심축으로 부상하고 있습니다. 특히 자원 빈국인 동북아시아 국가들에게 북극의 자원은 지정학적 리스크로부터 자유로워질 수 있는 제3의 활로가 됩니다. 북극항로를 통해 실려 오는 액체 황금은 단순히 공장을 가동하는 원료가 아니라, 국제 사회에서 자국의 목소리를 지탱해 줄 물리적 힘의 원천입니다. 길을 내는 인간의 의지가 위대하듯, 그 길을 통해 얻어낸 에너지를 주권의 방패로 삼으려는 인류의 집념은 이제 북극을 차가우면서도 뜨거운 에너지 전쟁터로 변모시키고 있습니다.

에너지의 흐름은 곧 권력의 흐름입니다. 인류가 북극항로 주변의 자원에 주목하는 것은 단순히 새로운 공급처를 발견했기 때문이 아니라, 수 세기 동안 유지되어 온 수직적인 에너지 공급 체계를 수평적이고 다각적인 구조로 재편할 기회를 얻었기 때문입니다. 지금까지 동북아시아를 비롯한 주요 에너지 소비국들은 중동의 정세에 따른 호르무즈 해협의 봉쇄나 말라카 해협의 해적 위협에 상시 노출되어 있었습니다. 하지만 북극의 자원은 이러한 지리적 숙명으로부터 벗어나 에너지 보급로를 다변화할 수 있는 강력한 회복 탄력성을 선사합니다.

이러한 다변화는 단순히 물류비를 아끼는 경제적 선택

을 넘어, 국가의 안보 전략을 근본적으로 수정하게 만듭니다. 특정 지역에 대한 과도한 의존이 안보의 급소가 되는 현실에서, 북극은 그 급소를 보호해 줄 새로운 방패가 됩니다. 북극항로를 통해 실려 오는 자원은 이제 전 세계 에너지 시장의 독점적 구조를 깨뜨리는 경쟁의 엔진이자, 예기치 못한 국제 분쟁 상황에서도 문명의 멈춤을 방지하는 안보적 보험이 되고 있습니다. 우리는 지금 에너지를 다스리는 자가 세계를 다스린다는 오랜 지정학적 진리가 북극이라는 차가운 바다 위에서 어떻게 재정의되고 있는지 목격하고 있습니다.

인류세의 성찰, 마지막 불꽃과 지속 가능한 내일

우리는 다시 한번 묵직한 질문과 마주하게 됩니다. 화석 연료의 마지막 보루로서 북극이 제공하는 에너지는 과연 인류에게 축복입니까, 아니면 파멸을 늦추기 위한 위태로운 가불입니까? 인문학적 관점에서 볼 때, 북극 자원 개발은 인류 문명이 자연과 맺어온 파괴적 관계를 청산하기 전 마지막으로 허락된 유예 기간과 같습니다. 가교 에너지로서의 천연가스는 우리에게 재생 에너지나 무탄소 에너지 시대로 완전히 건너갈 시간을 벌어주지만, 그 시간을 어떻게 사용하느냐는 전적으로 우리의 도덕적 선택에 달려 있습니다.

북극이 내어준 이 마지막 에너지를 단순히 탐욕의 연료로 소비할 것인가, 아니면 상처 입은 행성을 치유하고 다음 세대에게 안전한 문명을 물려주기 위한 성찰의 동력으로 삼을 것인가에 대한 답은 너무 쉽습니다. 그래서 북극의 자원을 대하는 우리의 태도는 인류세를 살아가는 우리가 지구 공동체의 파수꾼으로서 자격이 있는지를 묻는 준엄한 시험대로 작동하는 것입니다.

이제 우리는 에너지의 양을 셈하는 계산기를 내려놓고, 그 에너지가 실어 나를 가치와 책임의 무게를 셈해야 합니다. 북극의 물길을 따라 흐르는 화석 연료의 마지막 온기는 인류가 더 나은 내일을 위해 닦아야 할 진정한 상생의 항로가 어디인지 끊임없이 일깨우고 있습니다.

| 6-4절　전략 광물이 흔드는 공급망의 판도 |

인류 문명의 역사를 특정 자원을 장악한 국가가 세계의 질서를 설계해온 과정이라는 관점에서 조망해 보는 것도

의미가 있습니다. 석기 시대가 돌의 유용성을 발견하며 시작되었고, 청동기와 철기 시대가 금속을 다루는 테크네를 통해 제국의 기틀을 닦았듯이, 오늘날 우리가 마주한 디지털 문명은 리튬, 코발트, 니켈, 그리고 희토류 등 새로운 원소들의 토대 위에 세워지고 있습니다. 이제 문명의 중심축은 에너지를 태우는 방식에서 에너지를 저장하고 제어하는 방식으로 이동하고 있으며, 이 지점에서 북극의 가치는 과거와는 전혀 다른 차원으로 진화하고 있습니다.

화석 연료 너머의 새로운 보물

인류가 탄소 문명의 황혼을 지나 4차 산업혁명과 청정 에너지라는 새로운 새벽으로 나아가려 할 때, 북극은 대체 불가능한 원자(Atom)의 보고로 그 진면목을 드러냅니다. 현대인은 희토류라 불리는 흙으로 빚어진 디지털 토템(Digital Totem)을 통하여 현대문명의 편리함과 풍성함을 즐기며 살아가고 있습니다. 우리가 손에서 한시도 떼어 놓지 않는 스마트폰의 터치스크린, 전기차 배터리의 심장, 그리고 국가 안보를 지탱하는 초정밀 유도 미사일에 이르기까지 첨단 기술의 집약체 속에는 반드시 북극의 동토 아래 잠들어 있던 희귀한 원소들을 필요로 하고 있습니다.

북극은 이제 구시대의 동력을 공급하는 연료 창고를 넘어, 미래 지능형 문명을 구성하는 핵심 소재의 발원지가 되고 있는 것입니다. 이러한 자원의 전이는 단순히 사용되는 광물의 종류가 바뀌는 것을 넘어, 전 지구적 부와 권력이 이동하는 새로운 물길을 만들어냅니다. 과거 비단길을 통해 비단이 흐르며 동서양의 권력이 재편되었듯, 이제 북극항로를 통해 실려 나가는 전략 광물들은 자국 우선주의가 팽배한 국제 질서 속에서 새로운 경제 동맹의 매개체가 될 것입니다. 그리고 우리는 지금 차가운 얼음 바다 아래에서, 미래 산업의 주도권을 선점하기 위한 보이지 않는 원소들의 전쟁이 시작되었음을 목격하고 있습니다.

원자의 카르토그래피

북극의 지도는 영토의 경계선을 넘어 광물 자원이 그리는 원자의 카르토그래피(Cartography of Atoms)로 진화하고 있습니다. 특정 국가가 자원을 무기화하고 공급망을 독점하려 할 때, 북극의 광맥은 그 패권의 균열을 낼 수 있는 강력한 대안으로 부상합니다. 특히 그린란드와 시베리아 연안의 광산들은 세계 공급망의 다변화를 꾀할 수 있는 전략적 요충지로 주목받고 있습니다.

대표적인 거점인 그린란드 남단의 크바네피엘 광산은 세계 최대 규모의 희토류와 우라늄 매장지로 평가받으며, 기존의 독점적 공급망 체제를 뒤흔들 수 있는 유일한 대항마로 꼽힙니다. 러시아의 노릴스크 지역 또한 세계 니켈 생산의 중심지로서 이미 그 경제적 영향력을 증명하고 있습니다. 이곳에서 생산되는 니켈의 흐름은 전 세계 전기차 산업의 생산 라인을 좌우할 만큼 위력적입니다.

북극항로가 활성화된다는 것은 이러한 전략 광물들이 지리적 고립을 뚫고 더 빠르고 안전하게 세계 시장으로 공급될 수 있는 물류의 혈관이 뚫림을 의미합니다. 이는 단순히 운송비를 아끼는 차원을 넘어, 특정 지역에 대한 과도한 의존을 낮추고 공급망의 회복 탄력성을 높여주는 안보적 보험이 됩니다.

녹색 혁명의 역설과 인류세의 도덕적 부채

아이러니하게도 인류가 탄소 배출을 줄이기 위해 추진하는 녹색 혁명은 북극의 희생이라는 역설적인 토대 위에서 성립할 수 있습니다. 깨끗한 도심을 달리는 전기차와 탄소 중립을 위한 신재생 에너지 장치들이, 실제로는 기후 변화의 최전선인 북극의 대지를 파헤쳐야 얻을 수 있는 자원에 전적으로 의존한다면 말입니다. 학계에서는 이를 녹색 파라독스(Green Paradox)라 부르며, 이는 현대 문명이 처한 가장 복잡하고 아픈 생태적 딜레마를 상징합니다.

우리가 북극의 전략 광물을 통해 더 편리하고 깨끗한 세상을 꿈꿀 때, 북극의 영구 동토는 시추기의 소음과 화학 물질의 침입으로 신음할 수 있습니다. 길은 분명 인류에게 풍요를 운반하지만, 그 풍요의 이면에는 북극의 생명들이 지불하는 도덕적 부채가 겹겹이 쌓여가고 있습니다. 미래의 청정 에너지를 가능케 하는 보급처로서 북극이 갖는 가치는, 인류가 자연에 가하는 가해와 수혜의 복잡한 굴레를 성찰하게 만듭니다. 우리는 이제 자원을 쫓는 눈먼 경쟁자가 아니라, 지구의 생명을 존중하며 문명의 동력을 찾는 현명한 파수꾼으로서 이 차가운 바다 위에 새로운 정의의 지도를 그려 나가야 합니다.

공급망의 무기화와 원자 주권의 시대

북극의 광물 자원이 그리는 지도는 이제 단순히 부의 분포를 넘어, 국가 간의 생존을 결정짓는 공급망 안보의 핵심 전장으로 변모하고 있습니다. 과거 대항해 시대의 국가들이 금과 은의 확보를 통해 주권을 증명했다면, 21세기의 국가들은 북극의 리튬과 희토류를 자국의 공급망 안에 얼마나 안정적으로 편입시키는가에 따라 미래 주권을 평가받을 수 있습니다.

특히 특정 국가가 전략 광물을 독점하고 이를 외교적 압박의 도구로 사용하는 자원 민족주의가 팽배해지면서, 북극항로는 이러한 무기화된 공급망으로부터 벗어날 수 있는 우회로이자 탈출구로 부상할 것입니다. 서구 열강들이 그린란드의 광산 개발에 천문학적인 자본을 투입하고, 러시아가 자국 연안의 광물 자원을 국가 전략 자산으로 엄격히 관리하는 이유는 명확합니다. 그들에게 북극은 단순히 광물을 캐는 작업장이 아니라, 타자의 지배로부터 벗어나 자국의 산업 생태계를 지탱할 수 있는 원자 주권(Atomic Sovereignty)의 장소이기 때문입니다.

욕망의 연금술을 넘어 공존의 테크네로

이번 장을 통해 우리는 북극해 아래 잠든 거대한 화석 연료와 미래 산업의 쌀인 전략 광물들이 어떻게 경제적 주체와 국가를 유혹하고 있는지 살펴보았습니다. 북극의 자원은 우리에게 더 오래 지속될 문명의 시간을 약속하는 전리품처럼 보이지만, 그 유혹의 이면에는 우리가 감당해야 할 공학적 사투와 생태적 파국이라는 차가운 진실이 숨어 있음을 기억해야 합니다.

결국 자원은 그 자체로 축복도 재앙도 아닙니다. 그것을 다루는 인간의 태도와 기술적 지향점이 그 성격을 결정할 뿐입니다. 우리는 지금 자원을 소유하려는 탐욕의 연금술을 넘어, 자연의 변화를 읽어내고 그에 적응하며 최소한의 충격으로 생존의 동력을 얻는 성숙한 공학적 지혜, 즉 공존의 테크네를 발휘해야 하는 무대에 서 있습니다.

이제 우리는 자원을 둘러싼 지정학적 열망과 경제적 계산을 잠시 뒤로하고, 그 가혹한 얼음 성벽을 인간이 어떤 공학적 의지로 넘어서고 있는지, 그리고 그 길 위에서 탄생한 현대 문명의 정교한 두뇌의 정체는 무엇인지 조명해보고자 합니다. 호모 파베르(Homo Faber)의 정수이자 북극 개척의 물리적 실체인 기술의 서사로 관심을 옮겨 보겠습니다.

인류는 도구를 통해 자신의 신체적 한계를 태양계의 한 모퉁이까지 다다르는 수준으로 확장해왔습니다. 고대 그리스인들이 기술을 뜻하는 단어 테크네 안에 예술과 공학의 의미를 동시에 담았던 것은, 무언가를 만들어 내는 행위 자체가 자연의 혼돈에 질서를 부여하고 문명 간의 대화를 가능케 하는 가장 숭고한 지성이 있었기 때문입니다. 이제 인류의 이 지적인 도구 제작 본능, 즉 호모 파베르(Homo Faber)의 정수는 지구상에서 가장 가혹하고 폐쇄적인 공간인 북극해에서 새로운 항로를 창조하려는 극한의 시험대에 올라 있습니다.

제7장 여정은 차가운 침묵이 지배하던 북극해를 문명의 새로운 대동맥으로 바꾸어 놓은 공학적 실체들을 조명합니다. 우리가 앞선 여정에서 목격했듯이, 과거의 길들이 지형의 굴곡에 순응하거나 바람의 흐름에 의지했다면, 북극의 길은 자연이 허락하지 않은 공간을 인간의 의지와 기술로 강제로 열어젖히는 파괴적 창조의 산물입니다. 이것

은 단순히 더 튼튼한 배를 만드는 공정의 문제를 넘어, 행성의 물리적 법칙에 도전하여 새로운 시공간을 창출하려는 인간 정신의 도약입니다.

도구적 이성의 확장

북극항로의 개척은 인류가 수천 년간 가둬두었던 지리적 상상력을 지구의 정수리로 확장하는 사건입니다. 험준한 빙벽을 뚫고 지나가는 선박의 항적은 단순히 물자를 실어 나르는 통로를 넘어, 유라시아 대륙의 동쪽 끝과 서쪽 끝을 잇는 새로운 문명적 교류의 가교가 됩니다. 우리는 여기서 인간이 자연의 경외감 앞에서 느꼈던 원시적인 공포를 어떻게 공학적인 숭고함으로 승화시켰으며, 그 지적 성취가 어떻게 세계의 물리적 거리를 압축하고 있는지 목격하게 됩니다.

북극해에서 기술은 양날의 검과 같은 모습으로 우리를 인도합니다. 인류가 내뿜은 열기가 얼음을 녹였고, 그 녹아버린 틈새를 다시 인간의 기술이 메우며 항로를 완성해 나가는 과정은 지독한 모순인 동시에 인류라는 종이 가진 처절한 생존 방식입니다. 그러면, 이 위태로운 길을 가능케 한 물리적 실체들—원자력의 힘으로 얼음을 짓누르는 거대 쇄빙선, 보이지 않는 데이터의 바다를 항해하는 인공지능, 그리고 심해 바닥을 연결하는 디지털 신경망—을 통해 우리가 도달할 문명의 주소를 짚어보겠습니다.

얼음 장벽을 소통의 길로 조각하다

기술은 단순히 이윤을 위한 수단에 머물지 않습니다. 그것은 인류가 지구라는 거대한 유기체 안에서 자신의 존재를 증명하고, 단절된 타자와 연결되기 위해 벼려온 가장 날카롭고도 따뜻한 지혜입니다. 북극의 살을 에는 혹한과 거대한 유빙의 압력은 인간 공학의 한계를 시험하지만, 역설적으로 그 가혹함은 물질의 본질을 꿰뚫고 새로운 합금을 빚어내는 기술적 도약의 동력이 되었습니다.

백색의 침묵을 깨는 쇄빙선의 엔진 소리는 정복자의 함성이 아니라, 변화하는 자연의 흐름을 읽어내고 그에 적응하며 새로운 문명의 맥박을 뛰게 하려는 인류의 겸허한 응답입니다. 우리는 인간의 창조물이 어떻게 대자연의 거부권을 지적으로 설득하고 이용하는지, 그 경이로운 테크네의 현장으로 깊숙이 들어가 보겠습니다.

북극해를 항해한다는 것은 자연이 수만 년 동안 쌓아 올린 백색의 성벽과 온몸으로 부딪치며 새로운 길을 조각해 나가는 일입니다. 과거의 항해자들에게 얼음은 배를 가두고 파괴하는 절망의 벽이자 피해야 할 숙명이었으나, 현대의 공학은 그 얼음을 정복의 대상이 아닌 이용의 대상으로 재정의했습니다. 우리가 앞선 여정에서 목격했던 탐험가들의 아날로그적 사투가 북극의 지리학적 진실을 밝혔다면, 이제 등장할 거대 기계들은 그 진실 위로 문명의 혈관을 실제로 심는 역할을 수행합니다. 그 혁명의 중심에는 인류가 통제에 성공한 가장 강력한 에너지원인 원자력, 그리고 오직 '길을 열기 위해' 설계된 러시아의 독보적인 원자력 쇄빙선단이 자리하고 있습니다.

전용 쇄빙선과 쇄빙 상선

우리는 여기서 북극 항해의 주역인 배들의 족보를 명확히 구분할 필요가 있습니다. 흔히 야말(Yamal) 프로젝트 등에서 활약하는 Arc7급 액화천연가스(LNG) 운반선은 '자체 쇄빙 화물선(Ice-breaking Cargo Ship)'입니다. 이들은 스스로의 화물을 목적지까지 옮기기 위해 보조적으로 얼음을 깨는 능력까지 갖춘 배들입니다. 반면, 러시아의 로사톰플로트(Rosatomflot)가 운영하는 원자력 쇄빙선(Icebreaker)들은 차원이 다른 존재입니다. 이들은 화물을 싣지 않습니다. 오직 뒤따르는 일반 상선단을 위해 얼음을 부수어 물길, 즉 리드(Lead)를 열어주는 것이 유일한 존재 이유인 순수 항로 개척선입니다.

어떻게 보면 전용 쇄빙선은 북극항로라는 새로운 길의 문명 선두에서 불확실성을 제거하는 선구자인 셈입니다. 러시아가 세계에서 유일하게 원자력 쇄빙선단을 유지하는 이유는 북동항로를 자국의 통제 아래 있는 상시 운영 가능한 고속도로로 만들기 위해서입니다. 쇄빙 전용선이 앞장서고 그 뒤를 수많은 상선이 줄지어 따르는 호송 항해(Convoy)는, 기술이 어떻게 개별적 이득을 넘어 항로 전체의 공공성을 확보하는 지배적 테크네로 승화되는지를 보여주는 극적인 장면입니다.

중력의 공학

쇄빙선의 쇄빙 원리는 흔히 오해하듯 얼음을 칼처럼 베는 것이 아니라, 우리 행성의 근본적인 물리력인 중력을 도구화한 '무게의 미학'에 근거합니다. 전용 쇄빙선의 선수는 수직이 아니라 약 20~30도의 완만한 경사를 그리며 설계됩니다. 배의 강력한 추진력이 선체를 두꺼운 빙판 위로 밀어 올리는 순간, 쇄빙선의 무게는 얼음이 견딜 수 있는 물리적 임계점을 단숨에 무너뜨립니다.

즉, 배가 얼음을 물리적으로 타격하는 것이 아니라 자신의 체중을 이용해 '찍어 누르는' 중력의 공학입니다. 이때 발생하는 거대한 굉음은 인간의 의지가 자연의 침묵에 새로운 질서를 부여하는 선언일 것입니다. 특히 러시아의 최신예 아르크티카(Arktika)급 원자력 쇄빙선은 가변 흘수 시스템을 통해 수심이 얕은 강 하구와 깊은 바다를 동시에 오가며 물길을 낼 수 있습니다. 단순히 힘으로만 밀어붙이는 것이 아니라 지형에 맞춰 자신의 몸을 최적화하는 이 방식은, 인간 지성이 도달한 고도의 기술적 진화를 보여주는 좋은 사례입니다.

물질의 본질을 이겨내는 합금과 코팅의 기술

새로운 항로를 유지하기 위해 쇄빙선의 선체는 상상하기 어려운 마찰과 압력을 견뎌야 합니다. 우리가 앞서 살펴보았던 극저온에서의 취성(脆性, Brittleness) 문제는 쇄빙선이 마주한 가장 치명적인 물리적 위협입니다. 영하 50도 내외의 환경에서 일반적인 강철은 유연성을 잃고 유리처럼 부서지기 쉬운 상태가 될 수 있기 때문입니다.

공학자들은 이 숙명을 극복하기 위해 니켈과 크롬 등을 정교하게 배합하여 극저온에서도 강인함을 잃지 않는 특수 합금강을 벼려냈습니다. 또한 얼음과의 마찰을 최소화하기 위해 선체 표면에 특수 코팅을 입히고, 선체 주변으로 공기 방울을 뿜어내어 얼음이 달라붙는 것을 막는 '에어 버블 시스템'을 도입했습니다. 이는 자연의 온도가 물질의 본질을 바꾸려 할 때, 인간의 지혜가 원소의 구조와 표면의 성질을 제어하여 그 도전을 무력화한 결과입니다. 쇄빙선의 외벽은 단순히 두꺼운 철판이 아니라, 극한 환경에서도 항로가 생존할 수 있는 물리적 방패이자 인간이 자연의 원소들과 벌인 지적 전쟁의 승전 기록입니다.

시간과 공간의 예속을 끊는 원자력 추진

전용 쇄빙선이 만년빙의 성벽을 부수며 뒤따르는 선단에 물길을 열어주기 위해서는 가히 상상을 초월하는 에너지가 필요합니다. 러시아의 공학자들은 이 갈증을 해결하기 위해 선체 깊숙한 곳에 인공의 태양을 심었습니다. 바로 원자력 추진 시스템입니다. 일반적인 디젤 쇄빙선이 막대한 양의 연료유를 적재해야 하고, 그 무게만큼 쇄빙 효율이 떨어지며, 주기적으로 보급을 위해 항구로 돌아가야 하는 시간의 예속에 묶여 있다면, 원자력 쇄빙선은 이 모든 굴레로부터 자유롭습니다.

우라늄 1g이 내는 에너지는 석탄 3t이나 중유 2,000L에 달하는 폭발적인 밀도를 자랑합니다. 단 몇 그램의 연료로 얼음을 뚫고 항로를 개척해내는 이 공학적 경이로움은, 북극이라는 고립된 공간에서 문명이 영구히 자립할 수 있는 물적 토대를 제공합니다. 이는 도구적 인간인 호모 파베르가 자연이 설정한 시공간의 금제를 무너뜨린 성취 중 하나입니다. 원자력은 쇄빙선에게 지치지 않는 심장을 부여함으로써, 북극항로를 단순한 시즌 통로에서 상시 운영 가능한 문명의 대동맥으로 변모하는데 성큼 다가갈 수 있도록 했습니다.

무한 동력의 지정학, 항해 주권과 규칙 제정자의 위상

원자력 추진이 쇄빙선에 부여하는 진정한 가치는 단순히 물리적 힘이 아니라 지정학적 주도권에도 있습니다. 앞서 언급한 러시아의 로사톰플로트(Rosatomflot)가 세계 유일의 원자력 쇄빙선단을 유지하며 북동항로를 지배하는 이유도 바로 여기에 있습니다. 연료 보급 인프라가 열악한 북극해에서 스스로 에너지를 생산하며 수년간 항해할 수 있는 능력은, 타국의 간섭이나 보급 항구의 제약 없이 항로 전체를 자국의 의지대로 운영할 수 있는 항해의 주권을 의미하는 것입니다.

35년 해운인으로서 필자가 목격한 물류의 역사에서, 길을 만드는 자보다 더 강력한 권력은 그 길을 '이용하고, 유지하고 관리하는 자'였습니다. 러시아는 원자력 쇄빙선을 통해 북극해의 규칙 제정자로 군림하고 있는 것 같습니다. 그들이 리드(Lead)를 열어주지 않으면 어떤 첨단 상선도 얼음의 감옥을 벗어날 수 없기 때문입니다. 기술적 독점이 지정학적 패권으로 치환되는 이 현장은, 인류가 닦아온 수많은 길 중에서도 북극항로가 왜 가장 정치적이고 공학적인 공간인지를 다시금 증명합니다. 원자력 쇄빙선의 항적은 이제 단순한 물길을 넘어, 미래 무역 질서의 새로운 경계선을 그리고 있는 것입니다.

우리는 이 거대한 기계가 3m 내외의 두꺼운 얼음을 분쇄하며 거침없이 나아가는 광경에서 기술의 숭고함을 느낍니다. 인간이 만든 조형물이 대자연의 위엄에 맞서 조금도 밀리지 않고 타자를 위한 길을 열어주는 모습은 경외심을 넘어선 감동을 줍니다. 하지만 이 강력한 공학적 승리의 이면에는 우리가 반드시 성찰해야 할 도덕적 경계선이 존재합니다.

얼음을 깨는 힘이 강해지고 선구자의 발걸음이 빨라질수록, 북극의 예민한 생태적 균형은 더욱 위태로워진다는 사실입니다. 기술의 완벽함이 불러오는 오만은 자연의 경고를 무시하게 만들고, 이는 예상치 못한 생태적 파국의 씨앗이 될 수 있습니다. 공학적 성취는 결코 자연의 절멸을 뜻해서는 안 됩니다. 원자력 쇄빙선이 내는 길은 단순히 자원을 실어 나르는 수로를 넘어, 인류가 자신의 강력한 힘을 어떻게 절제하고 지구라는 거대한 유기체와 조화롭게 사용할지를 시험받는 도덕적 항로가 되어야 하기 때문입니다. 그러기에 백색의 공간에 울려 퍼지는 쇄빙선의 엔진 소리는 정복자의 함성이 아니라, 변화하는 자연과 새로운 대화를 시작하는 나지막한 속삭임이어야 합니다.

그러면 이제 우리는 이 강인한 공학적 육체를 움직이게 할 지능, 즉 데이터와 알고리즘이 북극의 물길을 어떻게 더 정교하게 다듬고 있는지 살펴보며 기술의 또 다른 진화 단계로 관심을 옮겨 보겠습니다.

우리는 앞서 원자력이라는 인공의 태양을 품은 쇄빙선이 어떻게 물리적 힘으로 얼음 성벽을 부수며 전진하는지 살펴보았습니다. 강력한 선체와 엔진이 북극 개척의 강인한 육체라면, 보이지 않는 곳에서 그 육체를 기민하게 움직여 최적의 물길을 찾아내는 알고리즘은 항해의 지능이자 새로운 문명의 나침반입니다. 인류가 처음 대지 위에 길을 낼 때 지형의 굴곡을 읽고 짐승의 자취를 따랐던 원초적 지혜는, 이제 가장 변칙적이고 위태로운 바다인 북극해에서 인공지능이라는 현대적 테크네 형상으로 진화하고 있습니다.

감각의 진화

과거의 항해자들이 밤하늘의 별자리와 육분의에 의지해 미지의 바다를 더듬어 갔던 행위는 인간의 감각을 극한으로 확장하여 자연과 대화하려는 시도였습니다. 우리가 앞에서 살펴보았듯이, 나침반의 등장은 인류에게 망망대해에서 길을 잃지 않을 자유를 선사하며 대항해 시대를 열었습니다. 하지만 시시각각 변화하는 유빙과 예측 불가능한 기상

조건이 지배하는 북극해에서 인간의 직관과 전통적인 나침반은 종종 무력해집니다. 짙은 안개와 눈보라가 시야를 완전히 가려버리는 화이트아웃(Whiteout) 상황에서 육안에 의존하는 항해는 눈을 감고 지뢰밭을 걷는 것과 다름없기 때문입니다.

현대의 북극 항해는 이러한 인간의 감각적 한계를 데이터의 심연을 유영하는 지적 탐험으로 치환하고 있습니다. 이는 인간의 망막이 닿지 않는 극지의 수많은 변수를 인공지능의 예지력으로 번역해가는 고도의 인식론적 확장입니다. 이제 항해사의 눈은 창밖의 바다가 아니라, 수백, 수천 킬로미터 상공의 인공위성과 선체 바닥의 센서가 실시간으로 그려내는 디지털 망막을 응시합니다. 비트(Bit)의 세계로 전이된 이 새로운 감각은 북극이라는 거대한 미로를 통제 가능한 정보의 장으로 탈바꿈시키고 있습니다. 이는 도구적 인간인 호모 파베르가 자신의 지각 능력을 지구차원의 스케일로 증폭시킨 기술적 진화의 열매입니다.

실시간 모델링

북극의 길은 고정되어 있지 않습니다. 어제의 물길이 오늘의 거대한 빙벽이 되고, 방금 지나온 항적이 순식간에 다시 얼어붙는 유동적인 공간에서 전통적인 종이 지도는 그 의미를 상실합니다. 이러한 자연적 가변성에서 인공지능의 진면목이 드러납니다. 지능형 항로 시스템은 인공위성이 전송하는 수만 장의 합성 개구 레이더(SAR, Synthetic Aperture Radar) 영상과 해류 데이터를 실시간으로 분석합니다.

SAR 기술은 구름과 어둠을 뚫고 지표면의 미세한 굴곡을 읽어내는 레이더의 눈입니다. 인공지능은 이 레이더 신호를 분석하여 육안으로는 식별할 수 없는 얼음의 두께, 밀도, 그리고 이동 방향을 정교한 3차원 디지털 모델로 재구성합니다. 알고리즘은 자연의 무질서한 흐름 속에서 가장 저항이 적고 안전한 궤적을 1초에 셀 수도 없을 만큼 계산해냅니다. 이는 공학이 도달한 수치적 지혜가 어떻게 자연의 거부권을 지적으로 설득하고 이용하는지를 보여주는 사례입니다. 보이지 않는 물길을 읽어내는 이 기술은 북극을 미지의 장벽에서 예측 가능한 고속도로로 변화시키고 있습니다.

지능형 신경계의 구축

지능형 항로 개척의 완성은 개별 선박의 고립된 판단을 넘어, 선박과 위성 그리고 지상의 관제 센터가 하나의 거대한 신경망으로 연결될 때 비로소 이루어집니다. 과거의 배들이 망망대해를 표류하는 외로운 섬이었다면, 현대의 북극 쇄빙 선단은 전 지구적 클라우드 시스템과 실시간으로 동기화되어 움직이는 거대한 유기체의 말단 세포와 같습니다. 이것은 문명이 지구의 북쪽 끝에 거대한 디지털 시냅스를 이식하는 과정이라 할 수 있습니다.

선박에 장착된 수만 개의 센서는 엔진의 진동부터 선체에 가해지는 미세한 빙압(Ice Pressure), 주변 수온과 염도의 변화를 세밀하게 수집하여 위성을 통해 중앙 서버로 전송합니다. 인공지능은 이 방대한 빅데이터를 토대로 현재의 항로가 최적인지를 끊임없이 재평가합니다. 만약 수백 킬로미터 전방에서 거대 유빙의 예기치 못한 이동이 감지되면, 시스템은 인간이 인지하기도 전에 이미 안전한 우회로를 산출해냅니다. 이는 인류가 북극이라는 거대한 불확실성을 데이터로 관리되는 통제 공간으로 점유하기 시작했음을 의미합니다. 보이지 않는 전파 신호들이 얼어붙은 침묵을 가로지르며 길을 인도할 때, 북극해는 비로소 인류 지능의 확장된 일부가 됩니다.

자율 항해의 철학

지능형 항로 개척의 최종 단계는 인간의 개입을 최소화하는 자율 운항 선박(MASS, Maritime Autonomous Surface Ships)의 등장입니다. 영하 50도의 추위와 화이트아웃의 공포 속에서 인간의 집중력은 물리적 한계에 부딪히지만, 알고리즘은 지치지 않고 수만 개의 변수를 감시합니다. 배 주위의 얼음 밀도를 초음파로 측정하고 추진력을 미세하게 조정하여 연료 효율을 극대화하는 행위는, 호모 파베르가 창조한 도구가 스스로 판단하고 실행하는 자율적 단계에 이르렀음을 보여줍니다.

하지만 이러한 기술적 자립은 우리를 매우 난해한 고민에 빠지게 합니다. 키를 잡던 항해사의 손이 알고리즘을 설계하는 지성으로 옮겨갈 때, 우리는 기계의 판단에 대한 도덕적 책임을 어떻게 정의할 것인가라는 명제입니다. 그러기에 극한의 환경에서 시스템이 마비되거나 예측 범위를 벗어난 자연의 거대한 위력 앞에 기계가 한계상황에 다다르면, 길을 결정하는 마지막 지성은 결국 다시 인간의 가슴과 머리에서 나와야 합니다. 자율 항해의 항적은 인류가 도달한 공학적 승리의 정점이자, 우리가 창조한 도구와 어떻게 조화롭게 공존할 것인가를 묻는 물음표입니다. 디지털 나침반이 가리키는 방향을 따라가되, 그 길 위에서 인간의 책임을 잊지 않는 성숙한 테크네가 필요한 것입니다.

인류가 개척해온 길은 시대의 요구에 따라 그 기능을 끊임없이 바꾸어 왔습니다. 고대의 길이 낙타의 등 위에서 비단을 실어 날랐고, 현대의 항로가 거대 선박의 갑판 위에서 원자(Atom)를 이동시킨다면, 이제 북극해의 심연에 새롭게 열리는 길은 빛의 속도로 비트(Bit)를 실어 나르는 무형의 통로입니다. 이는 북극을 단순히 물류의 지름길로 활용하는 단계를 넘어, 전 지구적 지성을 실시간으로 연결하는 거대한 신경망으로 변모시키는 지적인 도약이라 할 수 있습니다. 우리는 이 빛의 항로를 통해 세계가 어떻게 하나의 시냅스처럼 실시간으로 공명하게 되는지 목격하게 될 것입니다.

빛의 속도로 유라시아를 잇는 해저의 신경망

지금까지 아시아와 유럽을 잇는 데이터 항로는 주로 인도양과 수에즈 운하를 통과하는 남쪽 경로에 전적으로 의

존해 왔습니다. 하지만 이 경로는 지리적으로 멀 뿐만 아니라 얕은 수심과 선박 사고로 인해 데이터 전송의 지연이라는 물리적 한계를 안고 있었습니다. 찰나의 지연이 막대한 경제적 손실로 이어지는 현대 금융과 첨단 산업계에서, 기존 항로의 병목 현상은 문명의 속도를 제어하는 보이지 않는 족쇄였습니다.

인류는 이제 지구의 정수리를 관통하는 북극 해저 통로를 통해 이 정보의 흐름을 근본적으로 재편하려 합니다. 북극 해저 광케이블은 도쿄와 런던, 서울과 뉴욕 사이의 데이터 전송 거리를 수천 킬로미터 단축합니다. 이는 단순히 통신 속도가 빨라지는 것을 넘어, 전 지구적 시장의 동시성을 확보하고 실시간 협업의 장벽을 허무는 문명적 압축입니다. 보이지 않는 빛의 줄기가 얼어붙은 바다 밑바닥을 가로지를 때, 동양과 서양의 지성은 과거 그 어느 때보다 밀접하게 조응하며 하나의 거대한 지능형 네트워크로 통합될 것입니다.

극한의 환경을 자산으로 빚는 테크네

북극해 바닥에 광케이블을 매설하는 공정은 호모 파베르가 마주한 가장 난도 높은 공학적 시험대 중 하나입니다.

수천 톤의 얼음이 해저면을 긁고 지나가는 아이스 스카우어(Ice Scour) 현상으로부터 케이블을 보호하기 위해서는, 해저 바닥을 수 미터 깊이로 파고 케이블을 매설하는 고도의 테크네가 요구됩니다. 이는 자연의 파괴적인 힘과 인간의 정교한 설계가 벌이는 소리 없는 투쟁의 현장입니다.

흥미로운 점은 북극의 치명적인 약점이었던 추위가 디지털 문명에는 유례없는 축복으로 변모한다는 사실입니다. 막대한 열을 방출하는 대규모 데이터 센터들에게 북극의 차가운 해수는 천연의 냉각 시스템이 됩니다. 케이블이 깔리는 항로 주변에 지어지는 데이터 요새들은 인위적인 에너지를 최소화하며 지구의 자연적 냉기를 이용해 디지털 정보를 보관합니다. 이는 기술이 자연을 정복하는 방식을 넘어, 자연의 극한을 기술의 자원으로 전환하는 성숙한 공학적 지혜의 실현입니다. 정보의 고속도로가 깔리는 북극의 심해는 이제 인류 문명의 기억을 가장 안전하고 서늘하게 보관하는 거대한 저장고로 거듭나고 있습니다.

차가운 심해의 데이터 주권 전쟁

북극 해저에 깔리는 광케이블은 단순히 통신 속도를 높이는 도구에 그치지 않고, 국가의 안보와 직결되는 데이터 주권의 핵심 거점으로 부상할 것으로 보입니다. 과거 대항해 시대의 국가들이 해상 통로를 장악해 패권을 쥐었듯이, 21세기의 강대국들은 이제 빛의 속도로 정보가 흐르는 비트의 항로를 선점하기 위해 소리 없는 경쟁을 벌이고 있습니다. 케이블이 지나가는 경로와 그 관리권을 누가 쥐느냐에 따라 국가 기밀과 금융 데이터의 흐름을 통제할 수 있는 막강한 정보 권력이 결정되기 때문입니다.

러시아와 중국, 그리고 서방 국가들 사이의 긴장은 북극해 바닥에서도 그대로 재현됩니다. 해저 케이블의 소유권과 유지보수 권한을 둘러싼 갈등은 물리적인 영토 분쟁만큼이나 치열한 정보 안보의 그레이트 게임으로 번지고 있습니다. 데이터를 장악하는 자가 미래의 패권을 쥔다는 사실을 직시한 각국은, 이제 얼음 아래 잠긴 빛의 통로를 지키기 위해 최첨단 감시 체계를 가동할 것은 자명한 사실입니다. 북극해는 이제 물자와 에너지뿐만 아니라 인류의 보이지 않는 자산인 정보가 교차하는 가장 뜨겁고도 지능적인 지정학적 교차로가 되어가고 있습니다.

행성적 지능이 머무는 디지털 성소

결국 북극의 정보 항로는 인류가 지구라는 거대한 유기

체를 완벽하게 이해하고 조율하기 위해 뻗어 나가는 신경의 줄기입니다. 원자력 쇄빙선이 길을 내고, 인공지능이 그 길을 인도하며, 해저 케이블이 그 위에서 정보를 교환하는 삼위일체의 기술적 성취는 북극항로를 인류 문명의 가장 완성된 대동맥으로 만들어가고 있습니다. 우리는 이 빛의 항로를 통해 세계가 실시간으로 소통하고 공명하는 전 지구 단위의 지능체계의 탄생을 목격하고 있습니다.

그러나 이 차가운 심연을 흐르는 빛의 물결은 동시에 우리에게 묵직한 질문을 던지고 있습니다. 더 빨라진 정보와 더 촘촘해진 연결이 과연 인류를 더 지혜로운 공존으로 인도할 것인가?

북극의 정보 항로가 단순히 자본의 이익을 가속하는 도구만이 아니라, 기후 위기라는 공통의 숙제를 해결하기 위한 전 지구적 집단 지성의 통로로도 기능할 때, 비로소 우리의 공학적 개척은 문명사적인 정당성을 획득할 것입니다. 이제 지능형 신경계로 거듭난 북극해는 이제 인류가 맞이할 미래의 지도를 가장 먼저 그려내고 있습니다. 따라서 우리는 이제 이 기술의 승리 뒤에 숨겨진 또 다른 이면, 즉 우리가 지켜야 할 생태적 존엄과 공존의 가치를 깊이 있게 탐색해 보아야 할 이유가 생깁니다.

제8장   북극항로가 바꿀 세계 경제의 맥박

인류는 언제나 부(富)가 흐르는 통로를 선점하기 위한 치열한 경주를 벌여왔습니다. 고대의 상인들이 비단길의 모래바람을 견디고, 대항해 시대의 선구자들이 향신료를 찾아 목숨을 걸었던 이유는 결국 '길'이 부의 크기를 결정한다는 엄정한 경제적 진리 때문이었습니다. 이제 우리는 앞선 논의들을 통해 확인한 호모 파베르의 공학적 정수, 즉 얼음 성벽을 무너뜨리는 테크네를 발판 삼아, 북극해라는 차가운 심연이 어떻게 전 지구적 경제의 맥박을 새롭게 조율하고 있는지 응시하고자 합니다.

이 사유는 단순히 화물의 이동 경로가 짧아지는 물리적 변화만을 다루지 않습니다. 그것은 수세기 동안 유지되어 온 대서양과 인도양 중심의 해양 질서가 완화되고, 북극해를 관통하는 새로운 부의 동맥이 형성되는 대전환에 관한 기록입니다. 시간이 곧 자본이 되는 현대 문명에서 북극항로가 선사하는 시공간의 압축은, 정체된 세계 물류 시스템에 유례없는 충격파를 던지며 부의 지도를 다시 그리게 될 것으로 보입니다.

시공간의 압축이 빚어내는 새로운 부의 연금술

북극항로의 개척은 인류가 수천 년간 숙명처럼 받아들였던 지리적 거리를 현대의 기술과 의지로 압축해낸 사건입니다. 이미 살펴보았던 것처럼, 지구의 온난화로 아이러니하게 열린 이 틈새는 경제학적으로 볼 때 가장 비싼 재화인 '시간'을 생산해내는 거대한 공장과 같습니다. 수에즈 운하라는 병목에 갇혀 있던 세계 경제의 흐름이 북쪽의 광활한 바다로 분산될 때, 인류는 단순히 비용을 절감하는 차원을 넘어 물류의 회복 탄력성이라는 새로운 안보적 가치를 획득하게 됩니다.

부의 흐름은 늘 과거의 관성을 벗어나 새로운 물길을 찾기 시작합니다. 거대한 자본은 이제 사막의 뜨거운 열기를 뒤로하고 북극의 차가운 유빙 사이로 이동할 준비를 마쳤습니다. 이러한 상황에서 자본의 생동하는 욕망이 어떻게 지리적 한계를 수익의 도구로 전환시키는지, 그리고 그 연금술의 결과가 각국의 경제 성적표와 산업 구조를 어떻게 뒤흔들지 냉철하게 분석해 보는 일은 흥미로운 작업일 것입니다.

북극항로가 활성화된다는 것은 유라시아 대륙의 양 끝단을 잇는 신경망이 과거와는 비교할 수 없을 정도로 다양화되고 탄탄해짐을 의미합니다. 이는 특정 방향으로 편중되었던 해상 헤게모니가 분권화되고, 유라시아 대륙 전체가 하나의 거대한 경제 유기체로 더욱 밀접하게 통합된다는 서사입니다. 지도는 이제 부의 경로에 따라 다시 그려지고 있으며, 북극항로 개척과 궤를 맞추어 어제의 변방이었던 항구들이 내일의 중심지로 부상하는 지정학적 반전이 일어날 것입니다.

이제 우리는 시간을 정복하는 공간의 압축이 가져올 구체적인 변화들을 마주하려 합니다. 수에즈의 그늘에서 벗어나 세계의 관문으로 거듭나려는 도시들의 분투, 효율의 덫을 넘어 안전과 복원력을 택하는 공급망의 진화, 그리고 이 거대한 기회의 항로에서 대한민국이 쥐어야 할 전략적 나침반은 무엇인지 조명할 것입니다. 정화의 함대가 멈췄던 그 자리에서 우리가 다시 돛을 올려야 하는 이유, 그 경제적 당위와 문명적 비전이 교차하는 뜨거운 현장으로 이제 본격적인 항해를 시작해 보겠습니다.

| 8-1절　수에즈의 그늘을 벗어나다 |

　경제학의 관점에서 보면 지구상에 존재하는 가장 희소하고 값비싼 재화는 금이나 석유가 아닌 바로 시간일 수 있습니다. 1866년 5월, 중국 푸저우항을 떠난 40여 척의 쾌속 클리퍼 범선들이 런던 템스강을 향해 목숨을 건 경주를 시작했습니다. 이른바 티 레이스(Tea Race)라 불리는 이 경주는, 단 하루라도 빨리 갓 수확한 햇차를 영국 시장에 내놓아 막대한 이익을 거두려는 상인들의 집요한 집념이 빚어낸 드라마였습니다. 당시 아리엘(Ariel)호와 타이핑(Taeping)호는 26,000km가 넘는 거리를 99일 동안 달렸으나 승부는 단 20분 차이로 갈렸습니다.

　오늘날 북극해를 향한 전 세계의 뜨거운 시선 역시, 160년 전 쾌속 범선들이 추구했던 그 집요한 시간 정복의 열망과 본질적으로 맞닿아 있습니다. 이제 우리는 수 세기 동안 세계 물류를 지배해온 남방 항로의 그늘에서 벗어나, 지구가 열병을 앓으며 마지못해 열어준 북극이라는 지름길이 제시하는 냉혹하면서도 매혹적인 경제적 함수를 본격적으로 해부해 보고자 합니다.

시공간의 압축이 가져온 구면 기하학의 승리

우리가 흔히 접하는 평면 세계지도는 인류에게 지리학적 착시를 일으켜 왔습니다. 메르카토르 도법으로 그려진 평면 지도 위에서 북극해는 지도의 맨 윗부분에 길게 늘어진 쓸모없는 공간처럼 보입니다. 하지만 지구가 둥글다는 구체(球體, Sphere)의 관점에서 지구를 바라보면 과학적 진실은 전혀 다른 모습입니다. 평면 지도에서 두 지점 간의 최단 거리는 직선처럼 보이지만, 실제로 구체 위에서의 최단 거리는 지구의 중심을 관통하는 평면이 표면과 만나는 선인 '대권 항로(Great Circle Route)'입니다. 즉, 지구본 위의 두 점을 실로 연결했을 때의 직선이며 평면 지도에서는 곡선으로 나타납니다.

북극항로는 바로 이 구면 기하학의 축복을 가장 극적으로 활용하는 길입니다. 대한민국 부산항에서 출발하여 유럽의 관문인 네덜란드 로테르담(Rotterdam)항으로 향할 때, 기존의 수에즈 운하 항로를 이용하면 인도양과 홍해를 거쳐 약 20,000km라는 머나먼 길을 항해해야 합니다. 하지만 북쪽의 틈새인 북극항로(NSR)를 택하는 순간, 이 거리는 약 14,000km로 비약적으로 줄어듭니다. 이는 무려 33%에 달하는 물리적 거리의 압축입니다.

이러한 수치의 변화는 해운 물류 현장에서 단순히 거리가 짧아졌다는 선언 이상의 경제적 파동을 일으킵니다. 35년 해운인으로서 필자가 목격한 물류의 진리는 거리가 곧 비용이고, 시간이 곧 손익의 근원이라는 점입니다. 항해 시간이 약 10일 이상 단축된다는 것은 선박의 회전율을 극대화하여, 이론적으로는 동일한 기간 내에 더 적은 수의 배로 더 많은 화물을 실어 나를 수 있는 자본의 효율성을 의미합니다.

또한 항해 거리에 비례해 소모되는 막대한 연료비는 선사 경영의 성패를 결정짓는 변수입니다. 초대형 선박이 하루에 소모하는 수십 톤의 벙커유 가격을 고려할 때, 열흘간의 항해 단축은 연간 수백만 달러의 직접적인 이익을 약속합니다. 북극항로는 복잡한 지하철 노선도에서 여러 번 갈아타야 했던 완행 길을 한 번에 관통하는 급행 노선이 뚫린 것과 같은 효과를 세계 시장에 던질 것입니다. 이는 호모 파베르가 기술을 통해 행성의 물리적 크기를 자본의 논리에 맞춰 재단해낸 결과물이라 할 수 있습니다.

병목 지대의 리스크와 공급망의 회복 탄력성

인류는 150년 넘게 수에즈 운하라는 좁은 혈맥에 아시아

와 유럽 간의 해상 물류를 의존해 왔습니다. 하지만 2021
년 3월에 발생한 초대형 컨테이너선 에버 기븐(M/V Ever
Given)호의 좌초 사건은 단일 경로에 대한 과도한 의존이
얼마나 위험한지를 객관적인 수치로 증명했습니다. 길이
400m에 달하는 거대한 선박이 운하의 좁은 길목을 가로막
자 전 세계 물류의 12%가 단숨에 마비되었고 수백 척의 선
박들의 발길이 묶였습니다. 일주일 여의 기간동안 매일 약
96억 달러 규모의 화물이 가로막히면서 천문학적인 손실이
발생했습니다. 또한, 에너지 공급망에 대한 우려로 좌초 이
틀 만에 유가는 6%나 급상승하는 등 전 세계의 경제 시스
템은 예민한 반응을 보였습니다.

이 사건은 전 세계 공급망에 단일 통로가 가진 치명적인
취약성을 각인시킨 지정학적 경고장이었습니다. 수에즈나
파나마 같은 좁은 병목지대는 사고나 분쟁 한 번에 무역의
신경계를 마비시킬 수 있는 급소와 같습니다. 북극항로는
이러한 병목 현상으로부터 자유로운 광활한 대체 항로로
부상하며, 단순히 빠른 속도를 넘어 세계 경제 전체의 회복
탄력성을 높여주는 안보적 보험으로서의 가치를 획득했습
니다.

지름길의 진정한 경제성은 단순히 운송비를 아끼는 데만

있는 것이 아니라, 어떤 극한 상황에서도 문명의 맥박이 멈추지 않을 것이라는 확신에 기반합니다. 이제 물류 거점은 단순히 싼 가격을 찾는 곳이 아니라, 안전과 신속함을 동시에 보장할 수 있는 회복 탄력성의 항구로 이동하고 있습니다. 북극항로로 투입되는 자본은 이러한 방향성을 가지고 자연적 한계를 수익의 도구로 전환시켜 나갈 것입니다.

특수 선박 건조비와 자본 회수 장벽

북극항로가 제시하는 시간 단축의 매력은 거부하기 힘든 유혹이지만, 해운 물류의 현장은 그리 단순한 산수로만 움직이지 않습니다. 지름길을 통과하기 위해 선사가 지불해야 할 냉정한 계산서는 매우 높은 경제적 문턱을 형성합니다. 그 첫 번째 장벽은 바로 선박의 건조 비용, 즉 자본 지출(CAPEX)의 비약적인 상승입니다.

북극의 얼음을 헤치며 상시 운항하기 위해서는 일반 상선과는 차원이 다른 강도의 선체가 필수적입니다. 우리가 앞선 여정에서 목격했던 합금 기술과 중력 공학이 적용된 Arc7급 이상의 쇄빙 화물선을 건조하는 데는 일반 선박보다 약 1.5배에서 2배에 달하는 천문학적인 비용이 투입됩니다. 영하 50도의 혹한을 견디는 특수 강재, 연료 및 엔진 관련 설비들의 보온 및 방한 설비, 그리고 유빙의 압력을 견디는 다중 구조의 선체는 선사들에게 초기 투자에 대한 심각한 고민을 안겨줍니다. 필자가 지켜본 해운업의 본질은 결국 수익률과 자본 회수의 싸움입니다. 아무리 항해 거리가 짧아져도 배를 만드는 데 들어간 막대한 자본을 회수하는 기간이 길어진다면, 북극항로는 자본의 논리 안에서 여전히 거대한 기회비용의 시험대로 남을 수밖에 없습니다.

러시아의 호송 패권과 운영의 현실적 제약

두 번째 비용적 시련은 운영 비용(OPEX)과 지정학적 통제권에서 발생합니다. 현재 북동항로(NSR)를 실질적으로 장악하고 있는 러시아는 외국 선박에 대해 자국 원자력 쇄빙선의 호송을 강제하는 정책을 고수하고 있습니다. 이때 지불해야 하는 쇄빙 호송료는 수에즈 운하의 통행료와 맞먹거나 때로는 이를 상회하는 수준입니다. 이는 러시아의 로사톰플로트가 쥐고 있는 항로 운영 독점권이 지정학적 패권을 넘어 어떻게 강력한 경제적 이윤으로 전환되는지를 보여주는 냉철한 현실입니다.

여기에 더해 극지 운항에 따른 높은 보험료 할증 또한 무시할 수 없는 변수입니다. 유빙과의 충돌 리스크와 사고 발생 시 막막한 구조 및 방제 비용을 감안할 때, 글로벌 보험사들은 보험계약을 꺼리거나 일반 항로보다 훨씬 높은 보험료율을 요구합니다. 결국 연료비와 인건비를 아껴 얻은 이익의 상당 부분이 러시아의 통제 비용과 금융 리스크 비용으로 흡수되는 셈입니다. 이러한 운영상의 제약은 북극항로가 단순히 물리적 거리를 줄이는 기술적 성취를 넘어, 복잡한 국제 정치와 해운 금융의 이해관계가 얽힌 고난도의 경제 방정식임을 일깨워줍니다.

탄소 경제학으로 재편되는 미래 경쟁력

하지만 현대 문명의 물류는 이제 단순히 운송비만을 셈하는 시대를 지나 완전히 새로운 패러다임으로 진입하고 있습니다. 우리가 주목해야 할 가장 강력한 경제적 변수는 바로 탄소 경제학입니다. 유럽연합을 중심으로 강화되고 있는 해상 탄소배출권 거래제(EU ETS)는 북극항로의 가치를 자본의 논리에서 생존의 논리로 끌어올리고 있습니다. 항해 거리가 33% 단축된다는 것은 선박이 내뿜는 온실가스의 절대량이 그만큼 줄어든다는 것을 의미하며, 이는 곧 비용 절감을 넘어 탄소 자산의 확보로 이어집니다.

과거에는 환경 보호가 도덕적 선언에 불과했다면, 이제

는 줄어든 탄소 배출량이 곧 현금화할 수 있는 자산이 되는 시대입니다. 탄소 배출 한도에 따라 막대한 비용을 내야 하거나 값비싼 배출권을 사야 하는 글로벌 선사들에게, 북극항로는 비용을 절감하는 통로를 넘어 탄소 부채를 탕감받는 녹색의 금고가 될 수 있습니다. 이러한 환경적 가치가 세계 경제 시스템 내부로 완전히 편입될 때, 앞서 언급한 높은 건조비와 호송료의 장벽은 탄소 저감이라는 강력한 지렛대에 의해 서서히 무너질 것입니다. 지구가 열병을 앓으며 내준 이 길이 역설적으로 지구의 열을 식히는 기술 혁신과 자본 흐름의 동력이 되고 있는 것입니다.

물류 주권과 복원력 중심의 가치 평가

결국 북극항로의 경제성이 지닌 최종적인 지표는 단순한 효율성을 넘어선 물류 주권과 회복 탄력성에 있습니다. 단일 경로에 의존하는 공급망이 얼마나 취약한지 우리는 이미 목격했습니다. 그러기에 북극항로라는 대안을 확보하는 것은 전 지구적 위기 상황에서도 멈추지 않는 물류의 맥박을 유지하려는 세계적 안보 전략입니다.

길 위에서 얻는 부(富)는 이제 도착 시간의 단축뿐만 아니라, 그 길을 통해 우리가 얼마나 지구와의 약속을 지키고 있는가에 의해 결정됩니다. 북극항로의 경제학은 이제 수치와 통계를 넘어, 인류가 기술의 성취를 어떻게 지속 가능한 번영으로 치환할 것인가를 묻는 인문학적 성찰로 완성되어야 합니다.

우리는 이 지름길이 가져올 물류 지형도의 지각변동을 예시하며, 이제 이 부의 흐름이 실질적으로 맞닿을 항구 도시들의 변화와 한국이 선점해야 할 전략적 위치를 향해 발걸음을 옮기겠습니다.

| 8-2절　막다른 골목에서 세계의 관문으로　|

지도는 단순히 땅의 모양을 그린 기록이 아니라, 당대의 부(富)가 흐르는 물길을 기록한 문명의 성적표입니다. 인류 역사의 위대한 길들은 언제나 그 길의 끝과 시작을 맡은 도시들을 역사의 중심에 세웠습니다. 실크로드가 번성했을 때 당나라의 장안(長安)은 세계의 수도였고, 대항해시대의 빗장이 열렸을 때 포르투갈의 리스본(Lisbon)은 금과 향료가 넘쳐나는 기회의 관문이었습니다. 대양의 패권이 대영제국으로 넘어갔을 때 런던(London)은 전 세계 물

류가 모이고 흩어지는 심장이 되었습니다. 이제 북극항로(NSR)라는 지름길이 실질적인 물류의 동맥으로 작동하기 시작하면, 유라시아 대륙의 동쪽 끝자락에 머물렀던 도시들은 수 세기 동안 자신들을 가두었던 지정학적 한계를 깨고 북극 문명의 새로운 주역으로 등판하게 될 것입니다.

도시의 운명을 결정짓는 길의 역사

인류가 새로운 길을 닦을 때마다 변방의 어촌이 세계의 중심지로 부상하고, 번성하던 도시가 역사의 뒤안길로 사라지는 지각변동이 반복되었습니다. 길은 도시의 혈관이며, 그 혈관에 흐르는 자본과 정보의 크기가 곧 도시의 위상을 결정합니다. 장안이 사막을 건너온 문명의 종착지이자 출발지로서 찬란한 황금기를 누렸고, 리스본이 대서양의 파도를 뚫고 돌아온 항해자들의 환호성 속에 유럽의 입구가 되었던 것은 결코 우연이 아닙니다. 이들은 모두 당대 인류가 가졌던 공간 압축의 욕망이 실현되는 지리적 요충지에 자리 잡고 있었습니다.

오늘날 우리가 마주한 북극해의 해빙(解氷)은 지난 500년 동안 유지되어온 해양 질서의 지도를 근본적으로 수정하고 있습니다. 대서양과 인도양을 거쳐 올라오던 남방 항로의 질서가 재편되면서, 과거 물류의 끝단에 위치해 수동적인 역할에 만족해야 했던 도시들이 이제는 스스로 길을 설계하고 주도하는 능동적인 관문(Gateway)의 역할을 요구받고 있습니다. 이는 단순히 항구의 물동량이 늘어나는 차원을 넘어, 도시의 정체성과 문명사적 위치가 재정의될 수 있는 거대한 전환기임을 시사합니다.

유라시아의 막다른 골목에서 세계의 관문으로

오랫동안 한반도의 부산이나 일본의 요코하마 같은 도시들은 심리적으로나 지리적으로 유라시아 대륙의 막다른 골목이었습니다. 기차를 타고 달리면 더 이상 갈 곳이 없는 선로의 끝이었고, 배를 타고 나가면 광활한 태평양이라는 미지의 장벽과 마주해야 하는 장소였습니다. 그러나 북극항로가 활성화되면 이 막다른 골목은 돌연 유럽과 아시아를 잇는 가장 역동적인 회전문으로 변모하기 시작할 것입니다.

물류의 관점에서 볼 때, 변방이 허브로 변한다는 것은 도시의 영혼이 바뀌는 사건입니다. 종점의 도시는 찾아오는 이들을 환대하고 머물게 하는 정적인 에너지를 가졌다면, 중심(Hub)의 도시는 쉼 없이 흐르는 물자와 정보를 조율하고 다시 내보내는 동적인 에너지를 가집니다. 이제 동북아시아의 항구들은 단순히 배가 정박하는 곳을 넘어, 세계 경제의 맥박을 조절하는 새로운 신경 절점으로 진화하고 있습니다. 지도의 정수리가 열리자, 대륙의 끝단에 있던 도시들이 세계를 향해 가장 먼저 손을 뻗는 선두 주자가 되는 것입니다.

부산, 대륙 철도의 종착역에서 북극의 시발항으로

부산은 북극항로 시대에 극적인 드라마의 주인공을 꿈꾸고 있는 도시입니다. 과거 부산항은 한국 전쟁의 아픔을 딛고 일어난 희망의 항구이자, 수출 강국 한국을 지탱해온 산업의 심장이었습니다. 하지만 북극항로라는 새로운 지평 앞에서 부산은 이제 '유라시아 철도의 종착역'이라는 오랜 수식어를 내려놓고, '북극해 고속도로의 시발항'이라는 새로운 명함을 준비하고 있습니다.

부산항을 출발해 북동항로를 거쳐 로테르담으로 향하는 길은 기존 수에즈 운하 항로를 경유하는 여정 대비하여 의미 있는 거리와 시간을 단축시킵니다. 이 단축은 부산을 전 세계에서 북극항로의 혜택을 가장 직접적으로 누리는 전략적 요충지 중 하나로 격상시킬 수 있습니다. 부산은 이제 단순한 항만 물류 도시를 넘어, 쇄빙선을 수리하고 극지 항해 기술을 연구하며, 북극의 자원을 가공하여 세계로 퍼뜨리는 '북극 문명의 전진기지'를 꿈꾸어야 합니다. 뱃고동 소리 속에 섞인 찬 바람의 냄새는 부산이 더 이상 한반도의 끝이 아니라, 북극을 지나 유럽으로 뻗어 나가는 거대한 항로의 출발선에 서 있음을 일깨워줍니다.

상하이와 닝보, 용의 머리가 북쪽을 향할 때

중국의 경제 성장을 상징하는 상하이와 닝보-저우산항 역시 북쪽으로 고개를 돌리고 있습니다. 중국에게 북극항로는 '말라카 딜레마'라는 지정학적 족쇄를 풀 수 있는 유일한 열쇠입니다. 상하이항은 이미 세계 최대의 물동량을 자랑하지만, 그들의 시선은 이제 남중국해의 복잡한 파도를 넘어 시베리아 연안의 차가운 바다로 향합니다.

중국은 '빙상 실크로드' 구상을 통해 상하이를 북극항로의 거점 허브로 만들겠다는 야심을 숨기지 않습니다. 이는 15세기 정화(鄭和)의 함대가 인도양을 누비며 중화의 위세를 떨쳤던 역사를 북극해에서 재현하려는 시도와 같습니다. 상하이의 마천루들이 뿜어내는 화려한 불빛은 이제 북극의 오로라와 연결되어 새로운 부의 지도를 그리고 있습니다. 거대한 용이 머리를 북쪽으로 돌리는 순간, 동북아시아의 해상 질서는 기존의 남방 항로 중심에서 북방 항로 중심으로 그 축이 급격히 이동하게 될 것입니다.

일본 열도 항구들의 재발견과 해상 안보의 재편

일본의 요코하마와 도마코마이 항구 역시 북극항로가 가져올 변화를 예민하게 주시하고 있습니다. 일본은 역사적으로 해상 무역에 국가의 명운을 걸어온 나라입니다. 북극항로가 활성화되면 일본 열도는 북미와 유럽을 잇는 길목에서 더욱 중요한 전략적 위치를 점하게 됩니다. 특히 홋카이도 지역의 항구들은 북극해를 통과한 선박들이 가장 먼저 마주하는 기착지로서, 새로운 물류 거점으로 재조명받고 있습니다.

일본에게 북극항로는 단순히 경제적 이득을 넘어 해상 안보의 다변화를 의미합니다. 특정 해협에 의존하던 에너지 수송로를 북극으로 확장함으로써 국가 생존의 유연성을 확보하려는 것입니다. 과거 메이지 유신 시절 요코하마가 서구 문물을 받아들이는 창구였다면, 이제 북극항로 시대의 일본 항구들은 극지 기술과 자원이 교류되는 새로운 지적·경제적 교두보가 되려 합니다. 동북아시아의 항구들은 이제 각자도생의 경쟁을 넘어, 북극이라는 새로운 공유지를 두고 협력과 견제가 교차하는 거대한 게임의 장이 될 것입니다.

항구 도시의 미래와 문명의 새로운 항적

우리는 이제 항구라는 공간이 갖는 본질적인 의미를 다시 생각하게 됩니다. 항구는 단순히 배가 머무는 곳이 아니라, 서로 다른 문명이 만나고 섞이며 새로운 시대의 공기가 만들어지는 장소입니다. 북극항로가 동북아시아 항구 도시들에 일으키는 지각변동은, 인류가 이제 지구의 가장 북쪽 끝까지 문명의 혈관을 연결했음을 선언하는 사건입니다.

지도의 끝에서 소외되었던 도시들이 이제 세계 경제의 전면으로 나서고 있습니다. 이 항구들이 실어 나르는 것은 컨테이너 박스뿐만 아니라, 기후 변화라는 위기 속에서 인류가 어떻게 새로운 길을 찾고 적응해 나가는지에 대한 대답입니다. 부산에서 상하이로, 다시 도마코마이로 이어지는 이 활기찬 항구들의 연대와 경쟁은 북극항로가 그리는 미래 문명의 지도가 얼마나 역동적일지를 미리 보여주는 예고편과 같습니다. 우리는 이제 이 도시들이 뿜어내는 열기 속에서 차가운 북극해가 약속하는 새로운 번영의 항적을 따라 다음 여정을 시작할 준비를 해야겠습니다.

　현대 문명은 전 세계가 거미줄처럼 촘촘하게 연결된 공급망이라는 정교한 토대 위에 세워져 있습니다. 우리가 일상에서 누리는 풍요의 이면에는 좌표와 좌표 사이를 쉼 없이 오가는 거대 선박들의 박동이 숨어 있습니다. 하지만 지난 수십 년간 인류가 맹목적으로 쫓아온 물류의 철학은 오직 효율성이라는 단 하나의 목표에 고정되어 있었습니다. 이제 북극항로라는 새로운 길의 등장은, 이 효율의 신화가 얼마나 위태로운 외줄타기였는지를 폭로하며 물류의 패러다임을 근본적으로 뒤흔들고 있습니다.

효율 중심의 적기 생산 방식이 마주한 물리적 임계점

　오랫동안 전 세계 물류와 제조 현장을 지배해온 핵심 원리는 적기 생산 방식(Just-In-Time, JIT)이었습니다. 재고를 최소화하고 화물이 필요한 시점에 정확히 도착하게 만드는 이 방식은, 비용 절감을 지상의 과제로 삼는 자본주의적 효율성의 극치였습니다. 선사들은 더 큰 배를 만들어 규모의 경제를 실현했고, 항구들은 단 1분의 지체도 허용하지 않는 정밀한 하역 시스템을 구축했습니다. 하지만 이 정교한 기계 장치는 외부의 작은 충격에도 너무나 쉽게 깨져버리는 유리 그릇과 같습니다.

우리가 앞서 살펴보았던 수에즈 운하의 병목 사고는 이 효율의 덫이 초래한 비정한 결과였습니다. 단 한 척의 선박이 길을 막자 전 세계 공급망의 12%가 마비되었고, 이는 단순한 물류 지연을 넘어 전 지구적 인플레이션과 생산 중단이라는 거대한 파동으로 이어졌습니다. 효율성에만 매몰되어 대안을 마련하지 않은 문명은, 지름길이 막히는 순간 속수무책으로 멈춰 설 수밖에 없음을 수치로 증명한 것입니다. 이제 인류는 '얼마나 싸게 운송하느냐'보다 '어떤 위기 속에서도 중단 없이 흐르게 할 수 있느냐'는 근원적인 질문 앞에 서게 되었습니다.

공급망의 심장을 보호하는 복원력의 새로운 물결

이러한 반성 위에서 탄생한 새로운 물류 철학이 바로 복원력입니다. 이는 단순히 사고를 방지하는 차원을 넘어, 예기치 못한 충격이 발생했을 때 시스템이 신속하게 원래의 기능을 회복하거나 대안을 찾아내는 능력을 의미합니다. 물류 패러다임은 이제 효율 중심의 JIT에서, 만약의 사태를 대비하는 적기 대응 방식(Just-In-Case, JIC)으로 선회하고 있습니다.

이 지점에서 북극항로의 가치는 단순한 거리 단축의 경제성을 넘어섭니다. 기존의 남방 항로에 문제가 생겼을 때 즉각 투입할 수 있는 최단 거리의 안보적 보조 항로를 확보하는 것은, 현대 문명에게 시스템 전체의 붕괴를 막아주는 강력한 보험과 같습니다.

물류 거점은 이제 단순히 하역비가 저렴한 곳이 아니라, 지리적 다변화를 통해 공급망의 회복 탄력성을 보장할 수 있는 '안전의 항구'로 이동하고 있습니다. 북극항로 연안의 항구들이 새롭게 조명받는 이유는 문명이 효율의 덫을 깨고 생존과 복원이라는 더 높은 차원의 지능형 물류 시스템을 지향하기 시작했음을 보여주는 지표입니다. 우리는 이제 이러한 복원력의 시대가 개별 항구와 국가의 전략을 어떻게 바꾸어 놓는지 더 깊은 실무적 통찰로 들어가 보겠습니다.

재고의 심리학과 완충 지대의 재발견

물류의 패러다임이 효율에서 복원력으로 이동한다는 것은 단순히 운송 경로를 다변화하는 기술적 차원을 넘어, 자본이 재고를 바라보는 심리적 태도의 근본적인 변화를 의미합니다. 오랫동안 적기 생산 방식(JIT)의 교리 아래에서 재고는 제거해야 할 '지방'이자 자본의 낭비로 취급받았습니다. 하지만 최근 우리가 겪은 전 지구적 팬데믹과 수에즈 운하의 초대형 컨테이너선 좌초 사고는 효율성만 추구하는 물류 체계가 얼마나 위험한 외줄타기였는지를 경고했습니다. 그래서, 글로벌 공급망이 파편화되고 불확실성이 상시화된 오늘날, 지혜로운 기업들은 재고를 충격을 흡수하는 '근육'으로 재정의하기 시작한 것입니다.

이러한 심리적 전이는 물류 거점의 지리학적 가치를 바꾸어 놓습니다. 과거의 항구가 단순히 화물을 빨리 통과시키는 '깔때기'였다면, 복원력 시대의 항구는 위기 시에도 물자의 흐름을 지탱할 수 있는 전략적 완충 지대가 되어야 합니다. 북극항로의 관문에 위치한 거점들은 이제 단순히 지름길의 입구가 아니라, 예기치 못한 글로벌 병목 현상이 발생했을 때 세계 경제의 숨통을 틔워줄 거대한 창고이자 비상 보급 기지로서의 역할을 요구받고 있습니다. 이는 자본이 속도의 유혹을 이겨내고 생존을 위한 여백을 확보하려는 성찰의 결과물입니다.

디지털 트윈으로 조율하는 공급망의 시냅스

복원력을 실체화하는 것은 호모 파베르가 벼려낸 첨단 기술의 정수, 즉 디지털 트윈(Digital Twin)과 인공지능 알고리즘입니다. 혁명적인 변화는, 이제 물리적인 공급망이 눈에 보이지 않는 디지털 신경망과 완벽하게 동기화되고 있다는 사실입니다. 북극항로를 지나는 선박의 위치, 얼음의 밀도, 항구의 하역 상태는 실시간 데이터로 변환되어 가상 세계에 동일하게 구현됩니다.

이 기술적 테크네를 통해 인류는 이제 사고가 터진 뒤에 수습하는 수동적 태도에서 벗어나, 수만 가지 시나리오를 미리 시뮬레이션하고 위기의 징후를 선제적으로 포착하는 지능형 복원력을 갖게 되었습니다. 공급망의 각 마디는 이제 고립된 점이 아니라 서로 유기적으로 소통하는 '지능형 시냅스'로 기능합니다. 북극해의 거친 환경 속에서도 물류의 맥박이 끊기지 않는 이유는, 인간의 지성이 디지털이라는 무형의 도구를 통해 자연의 변덕을 예측 가능한 상수로 바꾸어 놓았기 때문입니다. 이는 기술이 단순히 속도를 높이는 도구를 넘어 문명의 안정성을 수호하는 파수꾼으로 진화했음을 증명합니다.

복원력 시대를 선도하는 물류 허브의 새로운 기준

결국 미래의 물류 거점이 갖추어야 할 표준은 하드웨어의 규모가 아닌 시스템의 유연성과 데이터 주권에 있습니다. 수에즈 운하라는 단일 혈맥에 의존하던 시대의 항구가 규모의 경제에 집착했다면, 북극항로 시대의 진정한 허브는 어떤 기상 이변이나 정치적 격변 속에서도 대안을 즉각 제시할 수 있는 지능형 플랫폼이어야 합니다. 이곳은 단순히 컨테이너를 쌓아두는 공간이 아니라, 정보를 정제하고 가치를 창출하며 에너지 전환의 중심지 역할을 수행하는 문명의 교차로입니다.

대한민국이 이 새로운 물류 지형도에서 선도적인 위치를 점하기 위해서는, 기존의 하드웨어 중심 경쟁력을 넘어 복원력의 설계자로서의 면모를 갖추어야 합니다. 북극해의 환경 데이터를 독점적으로 분석하고 이를 바탕으로 전 지구적 물류 흐름을 조율하는 '디지털 문지기'가 될 때, 우리는 비로소 특정 해협의 지리적 숙명에서 벗어나 자유로운 항해의 주권을 행사하게 될 것입니다.

이제 우리는 이러한 복원력의 비전이 구체적인 국가 전략과 어떻게 맞닿아 있는지, 정화의 함대가 남긴 뼈아픈 교훈을 통해 제8장의 마지막 여정으로 나아가 보겠습니다.

인류 문명의 역사는 결정적인 순간에 어떤 돛을 올렸는가에 따라 국가의 명운이 바뀌는 장엄한 드라마의 연속이었습니다. 우리는 앞선 여정의 초반부에서 명나라 정화(鄭和)의 대 함대가 바다의 길을 스스로 포기했을 때 동양 문명이 겪어야 했던 쇠락의 역사를 목격했습니다. 15세기 중반, 명나라 조정이 해금(海禁) 정책을 선언하며 바다의 문을 닫아버린 선택은 당시로서는 체제 안정을 위한 합리적인 판단처럼 보였을 지 모르나, 결과적으로 동양권은 인류 역사상 가장 거대한 문명사적 주도권을 서구에 헌납한 비극적 실책이 되었습니다. 이 뼈아픈 역사는 21세기 북극항로라는 새로운 기회의 문턱에 선 대한민국에 그 어느 때보다 준엄한 교훈을 던지고 있습니다.

정화의 대 함대가 남긴 냉엄한 역사의 경고

우리가 이미 성찰해 보았던 정화의 보선(寶船)들은 당대 서구의 그 어떤 배보다 압도적인 기술적 정수를 품고 있었습니다. 하지만 그 웅장한 함대가 항구에서 썩어 가도록 방치된 순간, 동양은 단순히 배를 잃은 것이 아니라 미래를 설계할 지적인 운영 체제(OS)를 잃어버렸습니다. 정화가 멈춰 선 그 자리에서 콜럼버스의 돛이 펼쳐졌고, 그 항적의 차이가 이후 600년의 세계 질서를 결정지었습니다. 기회는 모든 이에게 공평하게 찾아오지만, 그 주도권은 오직 변화를 읽어내고 결단하는 자만이 쟁취할 수 있다는 역사의 진리는 북극해의 찬 바람 속에서 다시금 부활하고 있습니다.

오늘날 북극항로를 바라보는 우리의 시선에는 기후 위기에 대한 생태적 성찰과 경제적 도약이라는 두 가지 마음이 교차합니다. 지구가 앓고 있는 열병이 열어준 이 길 위에서 부를 논하는 것이 정당한가에 대한 인문학적 고뇌는 반드시 필요합니다. 하지만 우리가 환경론적 우려에만 매몰되어 전략적 준비의 시기를 놓친다면, 이는 600년 전 성벽 안으로 숨어버린 명나라의 어리석음을 되풀이하는 것과 다름없습니다.

북극의 얼음은 이미 상당 부분 녹아내렸고 다시 얼리기는 불가능합니다. 그리고 파리 기후협정에서 설정한 지구 평균기온 상승 저지선인 1.5~2.0도를 지켜내더라도 인류의 의지와 상관없이 녹아내릴 것입니다. 하지만, 그 물길을 따라 이미 세계 열강들은 새로운 무역 질서의 표준을 선점하기 위해 사활을 건 경주를 벌이고 있습니다. 실기

(失期)한 문명이 치러야 할 대가는 단순히 경제적 손실이 아니라, 타자가 만든 규칙에 예속되는 주권의 상실임을 우리는 정화의 닻을 통해 뼈저리게 배워야 합니다.

막다른 골목의 숙명을 깨는 지정학적 카이로스

대한민국의 지정학적 위치는 북극항로 시대에 이르러 드라마틱한 반전을 맞이합니다. 한국의 위치는 오랫동안 유라시아 대륙의 막다른 골목이자, 대륙과 해양이 단절되는 지점에 위치한 고립된 섬과 같았습니다. 모든 물류의 흐름이 남방 항로를 거쳐 올라와 우리 항구에서 멈춰 서는 종착역의 운명, 그것이 우리가 짊어져온 지리적 한계였습니다. 하지만 북극의 물길이 열리고 있는 이 결정적인 순간에 기회의 신 카이로스(Kairos)는 우리를 물류의 끝단에서 중심점으로 진화할 수 있는 기회의 앞 머리를 내밀고 있습니다.

앞서 강조했듯이 북극항로가 활성화된다는 것은 유라시아 철도의 종착역이었던 부산과 남해안이 북극해 고속도로의 출발점으로 변모함을 의미합니다. 이는 분단 이후 우리를 가두었던 반도성(半島性)이라는 심리적 감옥을 깨고, 대륙과 해양의 에너지가 동시적으로 충돌하고 융합하는 주도적인 가교 국가로 거듭나는 역사적 기회입니다. 길의 끝에서 길을 기다리던 수동적인 삶을 뒤로하고, 이제 우리는 스스로 지도를 그리고 항로를 관리하는 설계자의 지위에 서야 합니다. 우리가 이 시공간의 압축을 선제적으로 받아들여 물류의 새로운 신경망을 구축할 때, 대한민국은 비로소 특정 해협의 지리적 숙명에서 벗어나 지구 전체를 아우르는 자유로운 항해 주권을 행사하게 될 것입니다.

표준의 제정자와 지식 권력의 선점

길의 역사는 걷는 자의 시대에서 설계하는 자의 시대로 진화해 왔습니다. 과거의 해양 질서가 단순히 물자를 실어 나르는 통로를 확보하는 물리적 싸움이었다면, 북극항로가 열리는 지금의 질서는 그 길 위에서 통용될 규칙과 기술적 표준을 누가 선점하느냐의 싸움입니다. 역사적으로 바다를 지배한 나라는 배가 많은 나라에서 바다의 규칙을 만드는 나라로 진화하였습니다. 대영제국이 전 세계 해상 보험시장과 계약의 표준인 로이드(Lloyd's)를 정립함으로써 수백 년간 해상 패권을 유지했듯이, 대한민국은 북극이라는 새로운 영역에서 지식 권력을 선점해야 합니다.

북극해는 일반 해역과는 전혀 다른 안전 기준과 환경 규제를 요구합니다. 우리는 세계 최고의 조선 및 해양 공학 기술력을 바탕으로, 극지 항해 선박의 내빙(耐氷) 등급인 아이스 클래스(Ice Class)와 안전규정인 폴라 코드(Polar Code)의 기술적 표준을 주도적으로 설계해야 합니다. 그리고 친환경 북극 항해를 위한 탄소 배출권 거래 모델을 선제적으로 제시하고, 보험과 법규의 표준과 극지 항해 선원의 교육 표준을 수립하는 것은 우리가 단순한 통행자를 넘어 항로의 주권을 쥐는 규칙 제정자(Standard Setter)로 서기 위한 필수 과제입니다. 길을 걷는 법을 가르치는 자가 그 길의 주인이 된다는 사실을 우리는 로마 가도의 역사에서 이미 확인한 바 있습니다.

우리가 제안하는 친환경 선박의 기술적 지표가 국제 표준이 되고, 우리가 구축한 디지털 항행 지원 시스템이 전 세계 선박의 나침반이 될 때, 한국은 비로소 북극이라는 미래 질서의 운영 체제(OS)를 손에 쥐게 될 것입니다. 이는 단순한 경제적 선점을 넘어, 우리 문명이 지구와 어떤 방식으로 화해하며 전진할 것인가를 보여주는 'K-해양 인문학'의 실천입니다.

서비스 헤게모니와 미래 세대를 위한 항적

기존의 논의가 배를 만드는 하드웨어에 집중했다면, 이제 우리의 나침반은 그 배를 유지하고 관리하는 서비스 생태계로 향해야 합니다. 바로 북극 선단의 병원과 에너지 스테이션 역할을 선점하자는 것입니다. 북극해를 통과하는 선박들은 극한의 환경으로 인해 일반 선박보다 훨씬 잦고 정밀한 유지보수(MRO, Maintenance, Repair and Overhaul)가 필요합니다. 영하 40~50도의 혹한을 견딘 선체의 미세 균열을 진단하고 특수 엔진을 수리하는 정밀 기술은 한국의 남해안 항구들이 세계에서 가장 경쟁력 있게 제공할 수 있는 고부가가치 서비스입니다.

여기에 더해 액화천연가스(LNG)나 메탄올, 암모니아 등 차세대 친환경 연료를 공급하는 벙커링(Bunkering) 허브를 구축함으로써, 한국은 북극항로라는 거대한 기계가 돌아가게 만드는 핵심 부품이자 심장이 되어야 합니다. 나아가 세계적으로 인정받는 ICT 역량을 투입하여 북극해의 실시간 빙상 지도를 그리고 최적 경로를 산출하는 지능형 항로 관제 시스템을 구축해야 합니다. 그 결과로 세계의 모든 선박들이 그 무형의 자산을 이용할 수 있는 플랫폼을 수출해야 합니다. 원자가 흐르는 길 위에 비트(Bit)의 신경망을 구축하여, 보이지 않는 곳에서 북극해의 모든 흐름을 조율하는 디지털 문지기가 되는 것. 이것이 기술 강국 대한민국이 북극이라는 새로운 무역 질서 안에서 차지해야 할 가장 영리하고도 강력한 전략적 위치입니다.

우리는 이제 기회의 주도권을 선점하는 행위가 단순히 당대의 경제적 이득을 얻는 것을 넘어, 미래 세대에게 어떤 영토를 물려줄 것인가의 문제임을 직시해야 합니다. 정화의 함대가 멈췄던 그 지점에서 우리가 다시 돛을 올린다는 결심은, 분단 이후 우리를 고립시켰던 봉쇄된 육로의 한계를 깨고 북극을 통해 유라시아 대륙과 태평양을 잇는 북방 지향적 해양 국가로 거듭나는 역사적 대전환을 의미합니다. 우리가 지금 북극해에 남기는 항적은 단순한 이동의 흔적이 아니라, 21세기 문명의 새로운 질서를 써 내려가는 거대한 발걸음이 될 것입니다.

북쪽으로 난 바다의 길을 응시하며 우리는 탐욕스러운 정복자가 아닌 성숙한 설계자로 서야 합니다. 환경과 개발의 균형을 잡는 지혜로운 리더십을 발휘할 때, 북극항로는 갈등의 바다가 아닌 협력의 바다로 변모할 것이며 그 중심에 대한민국의 깃발이 나부끼게 될 것입니다. 800년 전 칭기즈칸이 말발굽 소리로 대륙을 깨웠다면, 이제 우리는 지능형 항로와 친환경 조선 기술, 멀티 기능의 항구로 지구의

정수리를 깨우며 인류세의 새로운 상생 지도를 그려 나가
야 합니다.

제4부

공존의 문법

제9장 ｜ 침묵하는 생명 앞에서 묻는 문명의 자격

9-1절　부서지는 생명의 그물망
9-2절　새로운 항해의 법전
9-3절　북극 원주민의 삶과 문화적 유산

제10장 ｜ 내일의 지도와 상생의 인문학

10-1절　고립된 주권에서 공유된 책임으로
10-2절　기후 위기 시대의 문명적 가치
10-3절　북극이 제안하는 상생의 길

공존의 문법

우리는 지금까지 인류가 어떻게 대지의 끝을 잇고, 차가운 바다의 빗장을 풀어 문명의 지평을 확장해 왔는지 살펴보았습니다. 거대 쇄빙선이 얼음을 짓누르며 낸 길 위로 인공지능의 지혜가 흐르고, 해저의 광케이블이 빛의 속도로 정보를 실어 나르는 풍경은 호모 파베르가 도달할 공학적 승리의 상징이 될 것입니다. 하지만 길의 역사는 언제나 물리적 연결 그 이상의 의미를 우리에게 물어왔습니다. 항로가 열린다는 것은 단순히 좌표 사이의 거리가 단축되는 것을 넘어, 그 길을 통해 우리가 어떤 가치를 공유하고 어떤 흔적을 남길 것인가라는 문명사적 책임의 수락을 뜻하기 때문입니다.

제4부에서는 기술의 화려한 승전보를 뒤로하고, 북극항로라는 새로운 지름길 위에서 인류가 마주해야 할 가장 본질적인 질문인 공존의 문제를 다룹니다. 북극의 얼음이 비

켜난 자리에 드러난 바다는 우리에게 막대한 자원과 경제적 부를 약속하는 개척의 현장이지만, 동시에 지구라는 유기체가 지탱해온 생태적 균형이 임계점에 서 있음을 알리는 경고의 장이기도 합니다. 우리는 이제 탐욕의 개척자와 생태적 파수꾼이라는 두 역할 사이에서, 지속 가능성이라는 새로운 문법을 정립해야 하는 중대한 기로에 서 있기 때문입니다.

기술의 승전보 뒤에 숨겨진 행성의 비명

인류는 지구가 앓고 있는 열병의 틈새를 공략해 황금의 항로를 얻어냈습니다. 하지만 그 지름길 위에서 우리가 누리는 안락함의 비용은 북극이라는 지구의 예민부위가 온몸으로 감당하고 있습니다. 인간이 그어 놓은 항적은 시간이 지나면 사라지지만 해상오염이나 쓰레기 섬처럼 바다가 입은 상처는 바다의 어느 곳에 고스란히 각인된다는 사실입니다. 이제 우리는 계산기 위에 찍히는 수익의 지표를 잠시 내려놓고, 쇄빙선의 굉음 속에 묻혔던 북극곰의 거친 숨소리와 소리 없이 녹아내리는 만년빙의 눈물에 귀를 기울여야 합니다.

길은 인류의 욕망을 실어 나르는 통로였으나, 이제 그 길은 우리가 지구에 진 부채를 성찰하고 미래 세대와의 상생을 도모하는 도덕적 통로로 거듭나야 합니다. 북극이 던지는 이 준엄한 과제는 단순히 환경 보호라는 수사적 차원을 넘어, 인류 문명이 자신의 힘을 어떻게 절제하고 지구라는 거대한 생태계와 조화롭게 공존할 수 있는지를 시험하는 마지막 시험대가 될 것입니다.

정복자의 지도를 넘어 상생의 나침반으로

인류세(Anthropocene)라는 낯선 이름의 시대를 살아가는 우리에게 필요한 것은 더 빠른 선박이 아니라 더 깊은 사유입니다. 우리가 그리는 내일의 북극권 지도는 국경선이 선명한 분절된 세계가 아니라, 생태적 위기와 경제적 기회가 유기적으로 연결된 상생의 네트워크가 되어야 합니다. 정화의 함대가 멈췄던 그 자리에서 우리가 다시 돛을 올리는 진정한 목적은, 과거의 제국들이 범했던 정복의 길을 반복하는 것이 아니라 지구와 화해하며 전진하는 새로운 항로를 꿈꾸기 때문입니다.

이제 인류는 문명의 확장과 자연의 보전이 하나로 어우러지는 새로운 계약서를 작성해야 합니다. 침묵하는 생명들 앞에서 우리가 증명해야 할 문명의 자격은 무엇인지, 그리고 그 차가운 바다 위에서 피워내야 할 따뜻한 공존의 철학은 무엇인지 고민하는 여정을 시작하겠습니다.

　북극의 얼음은 인류에게 항로 개척을 가로막는 장벽이었지만, 그곳을 터전으로 삼아온 수많은 생명에게는 유일한 삶의 기반이자 우주 그 자체였습니다. 지구가 온도를 높이며 백색의 방패를 내려놓는 순간, 인류는 또다른 지리적 연결의 기회를 얻었으나 동시에 수만 년간 유지되어 온 생태적 질서의 해체를 목격하게 되었습니다.

　이러한 변화는 환경적 파괴와 지리적 개척이라는 두 가지 상반된 가치가 정면으로 충돌하는 현장이며, 우리는 이 길 위에서 문명의 진보가 지불해야 할 비용과 그 정당성을 묻는 준엄한 시험대에 서 있습니다. 따라서 인간 중심의 경제적 논리와 생태적 보전의 가치를 조명해보고, 북극항로라는 길 위에서 인간문명이 마주한 도덕적 시험의 실체를 심도 있게 생각해야 합니다.

　어쩌면 북극 생태계의 변화는 인간의 도구적 이성이 자연을 오직 자원과 경로로만 재단해온 결과물일지도 모릅니다. 하지만 우리는 단순히 파괴를 한탄하는 데 그치지 않고, 항로의 경제성과 '생태적 정의(Ecological Justice)'가 어떻게 공존할 수 있을지를 고민해야 합니다. 침묵하는 북극의 생명들은 우리에게 묻습니다. 문명의 지름길을 얻기 위해 지구의 생명력을 담보로 잡는 행위가 과연 우리가 꿈꾸던 진보의 참모습인지를 말입니다.

북극은 지구 전체의 기후를 조절하는 거대한 냉각 장치인 동시에, 극한의 환경에 적응해온 생명체들이 빚어낸 생물 다양성의 보고입니다. 해빙의 감소는 개발론적 관점에서 항해의 장애물이 제거되는 기회이지만, 생태적 관점에서는 정교한 생명의 그물망이 찢어지는 비극의 시작입니다. 특히 대기 중의 이산화탄소가 차가운 북극해에 과도하게 흡수되면서 발생하는 해양 산성화는, 눈에 보이는 얼음의 소멸보다 더 은밀하고 치명적으로 북극의 심장을 갉아먹고 있습니다.

해빙이라는 삶의 무대가 해체되는 현실

북극 생태계의 기저를 지탱하는 물리적 근간은 해빙(海氷, Sea Ice)이라는 거대한 플랫폼입니다. 바다 얼음은 단순히 물이 고체로 변한 상태를 넘어, 북극곰에게는 사냥터이며, 바다표범에게는 번식지이자 휴식처이고, 얼음 밑바닥에 서식하는 식물 플랑크톤에게는 거대한 삶의 무대와 같습니다. 따라서 생태적 관점에서 해빙(解氷, Ice Melting)은 지구상에서 가장 특수하게 진화해온 생명체들의 삶의 양식이 난폭하게 해체되는 대재앙인 것입니다.

수만 년 동안 단단하게 다져진 다년빙(Multi-year Ice)이 사라지고 연약한 단년빙(First-year Ice)이 그 자리를 채우면서, 북극의 생명들은 매년 자신들의 무대가 발밑에서 녹아 없어지는 실존적 위협을 겪고 있습니다. 이는 단순히 수치상의 온난화 데이터를 넘어, 한 문명의 지평이 넓어지는 대가로 다른 문명(생태계)의 영토가 소멸하고 있음을 보여주는 문명사적 비극입니다.

인류가 북극항로를 통해 시간을 압축하고 경제적 이득을 논할 때, 북극의 상징인 북극곰은 사냥할 수 있는 물리적 기반을 잃어버리고 있습니다. 얼음 구멍으로 숨을 쉬러 올라오는 바다표범을 기다려야 하는 그들에게, 일찍 녹아버린 해빙은 닿을 수 없는 식탁과 같습니다. 굶주린 개체들이 먹이를 찾아 인간의 거주지로 내려오거나 먼 바다까지 헤엄치다 기력을 다해 익사하는 사례는, 인간의 길이 넓어질수록 타자(他者)의 삶은 좁아진다는 개척의 비정한 속성을 적나라하게 폭로합니다.

이는 단순히 특정 종의 개체수 감소를 넘어, 북극이라는 극한 환경에 최적화된 특별한 생태적 기반이 소멸하고 있음을 뜻합니다. 인류가 쇄빙선의 굉음 속에 묻어버린 생명의 신음 소리는, 과연 인간문명이 얻은 지름길의 가치가 원래 주인들의 우주를 상실하는 고통과 맞바꿀 만큼 고귀한 것인지 묻고 있습니다. 그래서 우리는 침묵하는 생명체의 부서지는 삶의 플랫폼 위에서 인류세의 도덕적 나침반이 어디를 가리켜야 할지 아프게 고민해야만 합니다.

보이지 않는 심해의 산성화 위협

우리는 눈에 보이는 얼음의 소멸에 집중하며 항로의 열림을 반기지만, 차가운 바닷물 속에서는 인류 문명의 산업화가 남긴 보이지 않는 흔적이 더 은밀하고 치명적인 화학적 붕괴를 일으키고 있습니다. 대기 중의 이산화탄소가 바다에 과도하게 흡수되면서 발생하는 해양 산성화(Ocean Acidification)는 북극해에서 특히 빠르고 광범위하게 진행됩니다. 차가운 물은 따뜻한 물보다 기체를 더 많이 흡수하는 물리적 특성을 지니고 있기 때문입니다.

이러한 화학적 변화는 먹이 그물의 최하단을 지탱하는 익족류(Pteropods, 바다 나비)와 같은 미세 생물들에게 사형 선고와 같습니다. 석회질 껍데기를 만드는 이들에게 산성화된 바다는 자신의 몸을 녹여버리는 가혹한 환경이 됩니다. 이들의 소멸은 이를 주식으로 삼는 연어와 청어, 나아가 대형 고래에 이르기까지 연쇄적인 타격을 입히며 전 지구적 생명의 사슬을 흔들어 놓습니다. 인류가 뿜어낸 탄소의 독성이 북극해의 깊은 곳까지 침투하여 행성의 안녕을 위협하는 이 서사는, 개발이익 뒤에 숨겨진 생태적 정의의 부재를 고발합니다.

경계를 허무는 생태적 침공

얼음이 물러난 자리에 따뜻한 해류가 유입되면서, 북극해에는 수천 년간 마주한 적 없는 낯선 손님들이 등장하기 시작했습니다. 이를 과학적으로는 북방화(北方化, Borealization)라고 부릅니다. 대서양과 태평양에 거주하던 고등어, 대구, 심지어 범고래와 같은 상위 포식자들이 북상하여 원래 북극의 주인이었던 종들과 생존 경쟁을 벌이거나 그들을 무차별적으로 포식하고 있습니다. 대항해시대에 신대륙의 발견이 가져온 콜럼버스의 교환이 북극해에서 재현되고 있는 것입니다.

이러한 종의 이동은 단순한 서식지 확장이 아니라, 수천 년간 유지되어온 북극의 고유한 생태 질서를 교란하는 생물학적 침공에 가깝습니다. 북극 고유종들은 이 빠르고 강력한 외래종들의 진입에 적응할 시간적 여유가 전혀 없습니다. 길과 항로의 역사라는 관점에서 볼 때, 문명이 열어젖힌 항로는 물자와 정보를 나르는 통로인 동시에 생태계의 침입자들에게도 거대한 고속도로를 깔아준 셈입니다. 우리가 목격하는 이 혼돈의 풍경은 인간의 활동이 지구의 생물학적 경계선을 얼마나 무책임하게 흔들어 놓았는지 보여주는 증거인 동시에, 세계가 하나의 유기체로 촘촘히 엮여 있음을 방증하는 지표입니다.

인류세의 도덕적 부채와 치유의 테크네

벼랑 끝에 선 북극 생태계는 인류가 지구라는 유기체에 지불해야 할 가장 무거운 도덕적 부채의 목록입니다. 우리는 항로의 효율성과 자원의 가치를 논하며 북극을 지도 위의 공간으로만 바라보았지만, 그 공간 아래에는 수만 개의 생명이 숨쉬는 세계가 존재해 왔습니다. 이제 인류의 지적인 도구제작 본능, 즉 호모 파베르의 정수는 단순히 얼음을 부수고 길을 내는 기술을 넘어, 부서진 생명의 그물망을 보듬고 회복하는 치유의 테크네로 전환되어야 합니다.

침묵하는 북극 생명들의 목소리를 대변하는 것은 감상적인 환경 보호를 넘어, 인류 문명이 자신의 존재 이유를 증명하는 길입니다. 우리가 이 길 위에서 얻은 경제적 이익이 생명의 대량 소멸을 정당화할 수 없다면, 우리의 개척은 역사 속에서 단지 탐욕스러운 기록으로 남게 될 것입니다.

반면, 이 위기를 통해 인류가 자연과의 새로운 협약을 맺고 기술의 방향을 공존으로 돌린다면, 북극항로는 인류가 도달할 가장 성숙한 문명의 상징이 될 것입니다. 벼랑 끝의 생태계가 보내는 최후통첩 앞에서, 우리는 이제 북극의 바다를 가로지르는 선박들이 지켜야 할 새로운 항해의 윤리와 지속 가능한 공존의 규범을 논의해야 합니다. 그것이 인류세라는 시대를 살아가는 우리가 지켜야 할 최소한의 존엄이자, 미래 세대에게 건네 줄 수 있는 정직한 유산이기 때문입니다.

| 9-2절　새로운 항해의 법전 |

새로운 항로를 개척한다는 것은 단순히 물리적인 수로를

확보하는 기술적 행위를 넘어, 그 길을 공유하는 존재들 사이의 암묵적인 약속이자 엄격한 규범을 세우는 과정입니다. 과거 인류가 로마 가도를 유지하기 위해 직선의 법도를 세웠고, 대항해 시대의 갈등을 해결하기 위해 '자유해'의 철학을 정립했듯, 북극이라는 지구의 정수리를 통과하는 항로역시 자연과 인간, 그리고 국가 간의 새로운 계약을 요구합니다. 이제 우리는 북극의 환경 규제가 단순한 제한을 넘어, 어떻게 지속 가능한 항해를 위한 도덕적 법전이자 미래 기술 혁신의 강력한 동력이 되고 있는지 살펴보고자 합니다.

문명적 자격을 묻는 폴라 코드의 철학

북극해에 진입하려는 모든 선박은 국제해사기구(IMO)가 제정한 극지해역 운항선박 안전기준(Polar Code)이라는 엄격한 문턱을 반드시 통과해야 합니다. 폴라 코드는 단순히 선박의 강재 두께나 구명정의 성능을 규정하는 기술 문서를 넘어섭니다. 그것은 인류가 북극이라는 신성한 공간을 이용할 최소한의 자격이 있는지를 묻는 규범적 척도입니다. 이 법전은 선박의 설계부터 오염 방지 설비, 나아가 극한 환경을 견뎌낼 선원의 숙련도에 이르기까지 타협 없는 기준을 제시하며, 준비되지 않은 자본의 무분별한 진입을 준엄하게 거부합니다.

개발론적 관점에서 이러한 규제는 초기 비용을 상승시키고 운용 효율을 저해하는 장벽으로 보일 수 있습니다. 하지만 인문학적 관점에서 볼 때, 이는 '공유지의 비극'을 막기 위해 인류의 집단 지성이 도달한 성숙한 결론입니다. 북극에서의 단 한 번의 오염 사고는 항로 자체의 폐쇄를 넘어 광범위한 규모의 생태적 파멸을 의미하기 때문입니다. 따라서 폴라 코드는 개척을 방해하는 족쇄가 아니라, 오히려 항로를 장기적으로 보존하고 이용의 정당성을 부여하는 문명의 보험입니다. 규범을 준수하는 행위는 북극이라는 금단의 공간에 대한 인간의 겸허한 경의를 표하는 가장 구체적인 방식이라 할 수 있습니다.

저탄소 항해와 공존의 테크네

북극항로의 지속 가능성을 지탱하는 또 다른 핵심 기둥은 기술적 혁신을 통한 공존의 테크네입니다. 국제 사회는 북극을 항해하는 선박들에게 기존의 화석 연료를 넘어선 친환경 에너지로의 전환을 강력히 촉구하고 있습니다. 특히 얼음 위로 떨어지는 검은 그을음(Black Carbon)은 태양 빛의 흡수를 가속화하여 해빙을 부추기는 치명적인 요인으로 지

목됩니다. 이를 배출하지 않는 추진 기술은 이제 선택이 아
닌, 북극 항해의 필수적인 입장권으로 자리 잡고 있습니다.

이러한 환경적 압박은 역설적으로 공학적 도약의 가장 강
력한 동력이 됩니다. 더 깨끗하고 정교한 LNG 추진 시스템
을 넘어 수소와 암모니아를 활용한 무탄소 선박을 개발하
고, 인공지능을 활용해 탄소 배출을 최소화하는 최적의 궤
적을 산출하는 행위는 인간의 지성이 자연의 경고에 어떻
게 응답하며 진화하는지를 보여줍니다. 기술은 이제 자연
을 정복하는 파괴의 망치가 아니라, 지구에 가하는 상처를
치유하는 정밀한 도구가 되어야 합니다. 저탄소 항해는 인
류가 지구에게 건네는 화해의 악수이자, 책임 있는 개척자
로서 우리가 지켜야 할 품격의 징표입니다.

경제 시스템으로 편입되는 생태적 가치와 정의

환경 보호를 도덕적 호소나 시혜적 차원에 가두지 않고,
냉혹한 경제적 메커니즘 안으로 수용하려는 시도는 현대 문
명의 현명한 결정입니다. 우리가 주목해야 할 지점은 탄소
배출에 구체적인 비용을 부과하여, 이를 기업의 재무적 리
스크로 전환시키는 외부 효과의 내부화 과정입니다. 북극항
로를 이용하며 얻는 경제적 이득이 탄소 저감이라는 생태적

이익과 완벽하게 동기화될 때, 이 길은 비로소 약탈의 경로를 벗어나 성숙한 문명의 통로로 완성될 수 있기 때문입니다.

변화의 핵심은 '가장 친환경적인 항로가 곧 가장 경제적인 항로이다'라는 새로운 물류 문법을 탄생시키는 것입니다. 유럽연합의 해상 탄소배출권 거래제(Emissions Trading System)와 같은 규범은 북극항로의 가치를 높여줄 것입니다. 단순히 기름값을 아끼는 것이 아니라, 생태계에 가하는 상처의 비용을 계산서에 포함하기 시작한 것입니다. 이러한 시장 중심의 조율은 개발의 욕망을 억제하는 것이 아니라, 그 욕망의 방향을 지구의 안녕과 일치시키도록 유도하는 겁니다. 인류세를 살아가는 우리가 정립해야 할 이 새로운 문법은, 규제가 곧 공존을 위한 가장 효율적인 언어가 될 수 있음을 시사합니다.

국가 주권을 넘어선 지구적 거버넌스의 책임

북극은 특정 국가의 배타적 영토이기 이전에, 전 지구적 기후를 조절하는 인류의 공동 유산이자 마지막 보루입니다. 따라서 이곳의 규범은 개별 국가의 주권을 넘어선 강력한 국제적 거버넌스를 요구합니다. 우리가 앞선 여정에서 목격했던 지정학적 긴장과 각자도생의 전략들은, 역설적으로 '공유지의 비극'을 막기 위한 공동의 약속 없이는 그 누구도 북극의 혜택을 온전히 누릴 수 없다는 현실 앞에 직면하게 될 것입니다.

북극 이사회(Arctic Council)를 비롯한 국제 협의체들이 지향해야 할 목표는 명확합니다. 그것은 힘의 논리가 지배하는 약육강식의 바다를 법과 지혜가 흐르는 바다로 바꾸는 일입니다. 해난 구조 협정이나 오염 방지 공조 체제는 단순한 행정적 절차를 넘어, 인류가 자국 이기주의를 극복하고 세계적 책임을 다할 수 있는지를 시험하는 윤리적 현장입니다. 길을 여는 의지가 인간의 권리라면, 그 길을 지속 가능하게 관리하는 의지는 문명의 의무입니다. 우리는 이 보이지 않는 도덕적 항로를 견고하게 닦을 때 비로소 북극이라는 신성한 공간에 머무를 허락을 받게 될 것입니다.

| 9-3절 북극 원주민의 삶과 문화적 유산 |

인류가 북극을 지도 위의 차가운 구역이나 경제적 부를 안겨줄 통로로 인식하기 훨씬 이전부터, 그곳에는 눈과 얼음의 언어로 세상을 읽어온 이들이 있었습니다. 이누이트(Inuit)를

비롯한 북극권 원주민들에게 북극은 개척해야 할 미지의 영토나 정복해야 할 장벽이 아니라, 대대로 삶을 이어온 신성한 고향이자 우주 그 자체입니다. 문명의 확장이 가져오는 거대한 물결 속에서 우리가 마주해야 할 가장 인간적인 과제는, 거대 자본의 논리에 가려진 이들의 삶을 지켜주고 그들이 지켜온 고대의 지혜와 상생의 길을 모색하는 것입니다.

거대한 상선대가 남기는 항적이 그들의 전통적인 사냥길을 끊어 놓고, 자본의 논리가 그들의 고유한 문화를 잠식할 때 우리는 문명 교류의 진정한 의미를 다시 물어야 합니다. 진정한 의미의 진보란 한쪽의 일방적인 확장이 아니라, 서로 다른 지혜가 만나 조화를 이루는 것이기 때문입니다. 원주민들이 수만 년간 지켜온 전통 지식은 현대 과학이 보지 못하는 북극의 깊은 진실을 품고 있습니다. 이들의 삶을 존중하고 그들의 목소리를 항로 운영의 핵심적인 가치로 받아들일 때, 북극항로는 비로소 약탈의 경로를 벗어나 인류의 도덕적 성숙을 증명하는 성찰의 항로로 완성될 것입니다.

수천 년의 시간을 견뎌온 얼음 위의 문명

우리가 위성 데이터와 알고리즘으로 얼음의 두께를 계산하기 전부터, 북극 원주민들은 발바닥에 닿는 얼음의 진동과 바람의 냄새만으로도 바다의 상태를 읽어냈습니다. 그들에게 해빙은 단순한 바다 위의 거대한 얼음 평원이 아니라, 마을과 마을을 잇는 고속도로이자 가족을 먹여 살리는 사냥터였으며, 신화와 전설이 깃든 영적인 공간이었습니다. 이들은 극한의 환경을 극복의 대상으로 보지 않고 순응의 대상으로 받아들임으로써, 지구상에서 가장 가혹한 기후 속에서도 가장 평화롭고 지속 가능한 문명을 유지해 왔습니다.

다큐멘터리 화면에서 만나는 원주민들의 눈동자에는 현대 문명이 잃어버린 깊은 정적이 담겨 있었습니다. 그들은 자연을 소유하려 하지 않고 그저 자연의 일부로서 존재하기를 선택했습니다. 이러한 태도는 우리가 앞서 성찰했던 호모 파베르의 공격적인 기술주의와는 전혀 다른 차원의 지혜입니다. 우리가 북극항로를 통해 시간을 압축하려 할 때, 그들은 얼음이 얼고 녹는 계절의 리듬에 맞춰 자신들의 삶을 확장하고 수축시켜 왔습니다. 이 고대의 리듬을 존중하는 것이야말로, 우리가 북극이라는 성소에 진입하기 위해 갖추어야 할 진정한 의미의 자격증일지도 모릅니다.

개발론적 관점에서 북극항로 시대의 개막은 전 지구적 물류 혁명이자 시공간의 압축이지만, 북극권 원주민들의 시선에서 이는 자신들의 안방을 낯선 이방인들이 허락 없이 가로지르는 만행입니다. 수천 년간 이누이트들은 얼음의 소리를 듣고 사냥의 길을 정했습니다. 하지만 거대한 쇄빙선이 얼음을 깨며 남기는 항적은 그들의 전통적인 이동 경로를 단절시키고, 사냥감인 바다표범과 고래의 서식 환경을 교란하고 있습니다.

여기서 우리는 길의 개척이 갖는 불합리한 역설과 또 마주합니다. 인류가 더 빠른 길을 얻기 위해 북극을 통과할 때, 그 길 위에 존재하던 누군가의 고유한 길은 파괴되고 있는 셈입니다. 문명의 확장은 언제나 변방의 소수자들에게 희생을 강요해온 어두운 역사를 지니고 있습니다. 북극항로가 진정한 문명사적 축복이 되기 위해서는, 선박의 통행료를 계산하기에 앞서 그 길의 원래 주인들이 겪는 공간적 상실과 삶의 질서 붕괴를 진지하게 응시해야 합니다.

길은 소통을 위한 것이지만, 그 소통이 타자의 침묵과 소외를 전제로 한다면 그것은 성숙한 문명의 항적이라 부를 수 없습니다. 우리는 이제 이 낯선 항적들이 남긴 상처를 보듬으며, 어떻게 기술과 고대의 지혜가 공존할 수 있을지 고민해야 합니다.

전통 지식의 과학적 가치와 생태적 나침반

북극 원주민들이 수만 년간 축적해온 전통 지식은 현대 과학이 포착하지 못하는 미세한 행성의 변화를 읽어내는 힘을 지니고 있습니다. 그들은 눈의 결정을 보고 몇 시간 뒤의 폭풍을 예견하며, 얼음 밑바닥의 소리를 듣고 해류의 변화를 감지합니다. 인문학적 관점에서 본다면 이 지혜는 자연을 통계의 수치가 아닌 생명의 호흡으로 대하는 가장 오래된 관찰의 기록일 수 있습니다.

현대의 북극 항해는 고도의 인공지능과 위성 데이터에 의존하지만, 정작 그 바다의 영혼을 이해하는 법은 원주민의 조언 없이는 완성될 수 없습니다. 과학자들이 빙하의 소멸 수치를 계산할 때, 원주민들은 그 소멸이 가져올 생태계의 연쇄 반응을 삶의 직관으로 경고합니다. 필자가 희망하는 미래의 항해술은, 이러한 고대의 지혜가 현대의 알고리즘과 결합하여 생태적 나침반으로 거듭나는 것입니다. 타자의 지혜를 존중하는 것이 곧 우리 문명의 안전을 담보하는 길이며, 이는 지식 권력을 선점하려는 강대국들에게 북극이 던지는 진정한 의미의 공존의 지능입니다.

디지털 문명과 조우하는 고대의 정체성

우리가 7-3절에서 살펴보았던 북극 해저 광케이블의 보급은, 고립되었던 원주민 공동체를 전 지구적 정보 신경망 안으로 순식간에 편입시켰습니다. 이제 이누이트 청년들은 썰매 대신 스노모빌을 타고, 사냥 대신 스마트폰을 통해 세계와 접속합니다. 이러한 디지털 전환은 물리적 고립을 해결하고 의료와 교육의 혜택을 넓히는 기술의 선물이지만, 동시에 수천 년을 이어온 원주민 고유의 정체성과 전통문화의 단절이라는 위태로운 그림자를 드리웁니다.

인간의 영혼이 기술의 속도를 따라가지 못할 때 발생하는 문명적 멀미는 북극의 마을 곳곳에서 나타나고 있습니다. 하지만 우리는 단순히 과거로의 회귀를 주장해서는 안 됩니다. 진정한 상생이란 현대의 기술이 원주민의 삶을 파괴하는 도구가 아니라, 그들의 고유한 언어와 신화를 보존하고 전 세계로 확산시키는 확성기가 되도록 돕는 것입니다. 북극항로는 단순히 물자를 실어 나르는 통로를 넘어, 원주민의 정신적 유산과 현대의 문명이 만나 새로운 인류세의 문화를 빚어내는 용광로가 되어야 합니다. 기술의 온기가 전통의 지혜를 말살하는 것이 아니라, 오히려 그것을 더 밝게 비추는 등불이 될 때 북극항로는 비로소 문명사적인 정당성을 획득할 것입니다.

과거 대항해 시대의 개척이 원주민에 대한 일방적인 약탈과 소외로 점철되었다면, 21세기의 북극항로 시대는 그들을 명확한 의사결정의 주체로 인정하는 데서 출발해야 합니다. 북극이사회에 원주민 단체들이 상임 참여자(Permanent Participants)로 활동하며 자신들의 목소리를 내는 것은, 인류가 과거의 오만을 극복하고 새로운 공존의 정치학을 실천하고 있음을 보여주는 희망적인 지표입니다.

특히 그린란드 원주민들이 자치권을 강화하며 광산 개발의 여부를 스스로 결정하는 모습은, 길의 주인이 누구인지를 세계에 선포하는 장엄한 행위입니다. 진정한 주권이란 지도 위에 선을 긋는 권력이 아니라, 그 땅과 바다의 생명을 책임지고 보살피는 청지기 정신(Stewardship)에서 나옵니다. 북극항로를 통과하는 모든 국가와 선사들은 이제 원주민을 단순한 배려의 대상이 아닌, 항로의 규칙을 함께 만드는 동반자로 대우해야 합니다.

지금까지 우리의 생각을 갈무리하며 얻은 결론은 명확합니다. 북극의 빙벽을 뚫는 쇄빙선의 엔진 소리가 원주민들의 평화로운 노래와 조화를 이룰 때, 우리는 비로소 인류가 꿈꾸던 가장 성숙한 형태의 '길'을 완성하게 된다는 것입니다.

제10장 내일의 지도와 상생의 인문학

인류역사의 또 다른 한 단면은 어제까지의 한계를 지우고 내일의 가능성을 그려온 지도의 역사라는 점입니다. 우리는 지금까지 대륙의 비단길에서 시작해 대양의 항로를 거쳐, 얼음의 눈물이 새로운 길을 내어주는 북극해까지 숨 가쁘게 달려왔습니다. 그리고 호모 파베르가 벼려낸 날카로운 기술로 얼음 성벽을 허물고, 자본의 논리로 부의 지도를 재편하는 현장을 목격했습니다. 하지만 이 길었던 여정의 끝에서 우리가 마주한 것은 황금의 항로만이 아니라, 인류 문명이 나아가야 할 상생과 공존의 길이었습니다.

인간 지성의 확장과 실천적 지혜의 도래

우리는 원자력 쇄빙선이라는 강인한 육체와 인공지능 알고리즘이라는 정교한 두뇌를 통해 북극의 심장부에 도달했습니다. 이는 인간의 도구적 지성이 공학적 승리로 확장된 결과물입니다. 하지만 열린 문 안으로 진입하는 우리에게 지금 필요한 것은 더 빠른 선박이나 더 정확한 데이터가 아니라, 그 도구를 '어떻게' 사용할 것인가를 판단하는 실천적 지혜(Phronesis)입니다. 아무리 뛰어난 기술도 인간의 성찰이 결여될 때 그것은 인류 문명과 자연을 파괴하는 칼날이 될 뿐이라고 역사는 증언하고 있기 때문입니다.

북극항로는 이제 기술적 정복의 대상을 넘어, 인간이 자연과 어떤 태도로 조우할 것인가를 묻는 거대한 철학적 광장이 되었습니다. 우리가 그릴 내일의 지도는 국경선으로 나뉜 분절된 공간이 아니라, 생태적 위기와 경제적 기회가 공명하며 문명의 새로운 윤리를 빚어내는 유기적인 연결망이 될 것입니다. 이 마지막 장에서는 북극이 던진 파우스트적 역설을 어떻게 지혜로운 상생의 서사로 전환할 것인지, 그리고 인류가 기후위기라는 지구적 도전 앞에서 얼마나 성숙한 존재로 진화할 수 있는지를 시험하는 최종적인 사유를 하고자 합니다.

정복자의 지도를 넘어선 상생의 카르토그래피

과거의 지도는 영토를 더 많이 차지하기 위한 정복자들의 전유물이었습니다. 하지만 북극의 얼음이 녹아내린 자리에 우리가 그려야 할 지도는 '소유'가 아닌 '공존'의 기록이어야 합니다. 그리고 특정 국가의 깃발을 꽂기 위해 다투는 각자도생의 정치를 넘어, 전 지구적 기후 복원력을 함께 책임지는 범세계적 거버넌스의 지도를 그려야 할 때입니다.

이 길 위에서 얻은 경제적 이익이 다시 지구를 뜨겁게 만드는 악순환을 끊어내는 것, 그리고 기술의 성취를 타 생명체와 원주민의 삶을 존중하는 배려로 승화시키는 것이 바로 상생의 인문학이 지향하는 목표입니다. 우리는 이제 정복의 항적을 지우고, 지구와 화해하며 전진하는 새로운 항로의 설계자로서 내일의 지도를 완성해 나가야 합니다.

| 10-1절 고립된 주권에서 공유된 책임으로 |

북극항로가 열리는 풍경은 얼핏 강대국들이 자국의 깃발을 꽂기 위해 다투는 냉혹한 지정학적 전쟁터처럼 보입니다. 하지만 북극이라는 환경의 극단성은 역설적으로 그 어떤 강대국도 혼자서는 이 길을 온전히 다스릴 수 없음을 시사합니다. 우리는 이제 17세기 베스트팔렌 조약 이후 문명을 지배해온 배타적 주권의 개념이 북극의 유동적인 얼음 바다 위에서 해체되고, 그 자리에 공유된 책임이라는 새로운 가치가 들어서야 하는 당위성을 논의하고자 합니다.

베스트팔렌의 유산과 근대 주권의 한계

인류가 국경이라는 선을 긋고 그 안에서의 절대적인 권력을 행사하기 시작한 것은 1648년 체결된 베스트팔렌 조약에서 기원합니다. 30년 전쟁이라는 종교적 광기와 참화를 끝내기 위해 맺어진 이 협약은, 특정 영토 내에서 국가의 배타적 주권과 상호 불간섭의 원칙을 확립하며 현대 국제 질서의 운영 체제를 구축했습니다. 베스트팔렌의 질서 아래서 바다는 주인이 없는 공해이거나, 육지의 힘이 닿는 한계인 영해로 분절되었습니다.

하지만 굳건했던 북극이 항로를 내어주는 순간, 우리가 수 세기 동안 신뢰해온 이 분절된 주권의 논리는 심각한 결함에 직면했습니다. 녹아내리는 얼음이 뿜어내는 메탄과 해수면 상승의 파고는 주권의 선을 비웃듯 전 지구적 신경계를 타격합니다.

바다에 관한 엄정한 진리 중 하나는, 물길에는 국경선이 없으며 바다에서 일어난 재앙은 결코 특정 국가의 울타리 안에 머물지 않는다는 사실입니다. 과거 대항해 시대의 항로들이 특정 제국들의 독점물이었던 것과 달리, 21세기의 북극항로는 인류 전체의 기후 안보와 직결된 거대한 공유지이어야 합니다. 북극 연안국들이 배타적 경제수역(EEZ)

을 내세워 주권의 벽을 높이고 있더라도 북극해는 특정 국가의 행정력만으로는 통제할 수 없는 변칙적이고 유기적인 공간일 수밖에 없기 때문입니다.

그러기에 최소한 북극권에서의 주권의 정의는 배타적 소유에서 공동의 관리 정신으로 변환되어야 합니다. 베스트팔렌 조약이 국가 간의 경계를 획정하여 평화를 도모했다면, 인류세의 새로운 질서는 그 경계가 무의미해진 위기 앞에서 공유된 책임의 돛을 올려야 합니다. 북극해의 안전을 보장하려는 경제적 동기와 생태계를 보호하려는 도덕적 의무는 이제 범지구적 연대라는 하나의 필연성으로 수렴됩니다.

내일의 북극지도는 영토를 넓히려는 정복자의 붓끝이 아니라, 위기에 처한 공유지를 지키려는 협력의 필체로 그려져야 합니다. 우리가 상대편의 깃발을 내리기 위한 노력보다 함께 항로를 감시하고, 조난을 구조하며, 환경 오염에 공동 대응하는 시스템적 동맹을 구축할 때 북극항로는 비로소 갈등의 장에서 공존과 평화의 장으로 변모할 것입니다.

길을 내는 행위가 문명의 확장이라면, 그 길을 함께 관리하는 행위는 문명의 성숙입니다. 우리는 이제 이 협력의 토대 위에서 기후 위기 시대를 관통할 새로운 문명론의 정수를 마주하게 될 것입니다.

다자간 거버넌스의 실천과 공동의 책임

우리는 이미 러시아의 북진 전략과 중국의 빙상 실크로드 야심이 활개치는 현장을 보았습니다. 하지만 그 탐욕의 긴장 이면에는 수많은 과학자와 공학자들이 국적을 초월해 빙상 데이터를 공유하고 항해 표준을 마련하는 협력의 테크네가 흐르고 있습니다. 진정한 의미의 전 지구적 협력은 서로를 신뢰해서가 아니라, 협력하지 않고서는 누구도 이 지름길의 이익을 온전히 누릴 수 없다는 북극의 냉엄한 물리적 진실에서 비롯됩니다.

그래서 공유된 책임은 단순히 선언적인 수준에 머물러서는 안 되며, 북극 이사회와 같은 다자간 거버넌스의 복원을 통해 구체화되어야 합니다. 우리는 현재 우크라이나 전쟁 여파로 이 고귀한 협의체가 마비된 지정학적 블랙아웃 상태를 겪고 있습니다. 하지만 역설적이게도 이 위기는 북극을 정치적 충돌로부터 분리하려는 북극 예외주의의 가치를 더욱 절실하게 일깨워줍니다.

대한민국은 이 지점에서 매우 독특하고 강력한 전략적 지위를 점유할 수 있습니다. 우리는 북극에 대한 영토적 야심이 없는 중립적 기술 강국이자, 동양의 지혜와 서양의 시스템을 동시에 이해하는 선진국입니다. 우리가 북극의 환경 데이터를 개방하고, 앞선 항해 지능 기술을 매개로 연안국과 이용국 사이의 이해관계를 조율하는 지적 중재자가 될 때, 한국은 비로소 북극의 운영 체제를 설계하는 진정한 리더십을 발휘하게 될 것입니다. 이는 특정 해협의 지리적 숙명을 넘어, 인류가 공동의 문제를 해결하기 위해 지혜를 모으는 새로운 외교적 항로를 닦는 일입니다.

미래 세대를 위한 주권의 재정의와 영속적 공존

결국 북극항로에서 우리가 논의해야 할 주권의 본질은 '보존할 수 있는 권리'와 '연결을 책임지는 의무'로 재정의되어야 합니다. 21세기의 주권은 지도 위에 선을 긋는 권력이 아니라, 그 땅과 바다가 품은 생명의 맥박을 다음 세대까지 영속시키는 인류 문명에 대한 소명의식에서 나와야 하기 때문입니다. 그래서 인류가 북극해를 지나며 남기는 항적은 단순히 상품을 실어 나르는 흔적만이 아니라, 인류가 지구적 위기 앞에서 얼마나 성숙한 선택을 내렸는지를 기록하는 도덕적 발자취이어야 합니다.

길은 인류가 소통하기 위해 발명한 가장 위대한 도구였

습니다. 북극항로라는 이 역설적인 지름길이 문명사의 마지막 약탈지가 아닌, 지구와 화해하는 성찰의 장으로 완성될 때 우리는 비로소 상생의 인문학이 지향하는 최종 목적지에 도달할 것입니다. 국가 이기주의를 극복하고 인류가 공동의 위협에 대응하기 위해 주권의 일부를 양보하며 공유된 책임의 돛을 올리는 것, 그것이 우리가 개척해야 할 진정한 내일의 지도이며 고도의 문명적 진화 과정이라 할 수 있을 것입니다.

이제 우리는 이 거대한 책임의 바다를 지나, 존재의 가치를 담은 새로운 진보의 정의를 향해 또다른 발걸음을 옮겨보겠습니다.

| 10-2절 기후 위기 시대의 문명적 가치 |

인류의 역사는 더 높고, 먼 곳의 가치를 목표로 설정하고, 그 방향으로의 발걸음을 '진보(Progress)'의 척도로 삼아온 거침없는 전진의 기록이었습니다. 우리는 더 빠른 배를 만들고, 더 넓은 길을 닦으며, 자연이 제한한 시공간의 한계를 무너뜨리는 데 열중해 왔습니다. 하지만 북극의 빗장 앞에

선 인류는 우리가 맹목적으로 추구해온 그 전진이 과연 우리를 어디로 인도하고 있는지 묻지 않을 수 없습니다. 이제 우리는 단순히 속도와 효율을 셈하는 계산기를 내려놓고, 기후 위기라는 거울 속에 비친 문명의 현재를 직시하며 '진보'라는 단어의 의미를 근본적으로 재정립해야 합니다. 그것이 우리 앞에 놓인 시대적 과제입니다.

양적 팽창에서 존재의 지속으로 선회하는 진보의 정의

오랫동안 인류가 정의한 진보는 '자연을 얼마나 효율적으로 도구화 하느냐'에 집중된 양적 팽창의 역사였습니다. 해운 물류의 현장 역시 이러한 가치의 최전선이었습니다. 더 거대한 컨테이너선을 띄우고 태평양에서 대서양으로의 항해 시간을 단축하는 것이 문명의 승리라고 믿어왔습니다. 하지만 북극해의 만년빙이 녹아내리며 우리에게 주어진 그 지름길은, 우리가 추구해온 양적 진보가 스스로의 토대를 무너뜨리는 자기 파괴적 속성을 지니고 있음을 냉엄하게 폭로하고 있습니다.

이제 진보의 나침반은 '얼마나 더 많이 확보하느냐'가 아니라 '어떻게 존재를 지속할 것인가'라는 근원적 가치로 선회해야 합니다. 북극항로를 통과하는 선박들이 함께 싣고 가야하는 것은 인류가 지구라는 유기체와 어떤 방식으로 화해하며 생존을 도모하고 있는지 보여주는 도덕적 성과물이어야 합니다. 지구가 감당할 수 있는 속도로 문명의 보폭을 조절하고, 행성의 생명력을 보존하는 것을 진보의 핵심 지표로 삼을 때, 우리는 비로소 인류세(Anthropocene)라는 위기의 바다를 건널 자격을 얻게 될 것입니다.

우리가 북극의 자원을 선점하려는 행위는 에리히 프롬이 경고했던 '소유적 실존'의 마지막 발악일지도 모릅니다. 특정 국가가 지도 위에 선을 긋고 해저의 보물을 자국의 전유물로 삼으려는 욕망은, 우리가 이미 성찰해 보았던 파우스트적 역설의 악순환을 가속화할 뿐입니다. 하지만 북극의 붕괴는 우리에게 더 이상 소유할 수 없는 상태가 오고 있음을 경고합니다. 얼음이 사라진 바다는 특정 국가의 영토이기 이전에 전 지구적 기후를 조절하는 인류 공동의 심장이기 때문입니다.

그래서 우리는 존재의 패러다임으로 이동해야 합니다. 이는 북극을 정복하고 이용해야 할 대상이 아니라, 우리 문명이 기대어 살고 있는 생명 공동체의 일원으로 받아들이는 인식의 대전환을 요구합니다. 길을 낸다는 행위는 본래 단절된 세계를 잇는 소통의 시작이었습니다. 북극항로가 진정한 문명의 통로가 되기 위해서는, 그 길 위에서 우리가 타자의 생존권과 자연의 고유한 정체성을 얼마나 존중하고 있는지가 증명되어야 합니다. 소유를 위한 경쟁을 멈추고 공존을 위한 연대를 시작하는 것, 그것이 기후 위기 시대를 관통할 새로운 문명론의 출발점이자 우리가 다음 세대에게 물려주어야 할 고귀한 지적 유산입니다.

기술적 테크네와 도덕적 책임의 합일

우리는 앞서 원자력의 힘으로 얼음을 분쇄하고 인공지능으로 항로를 개척하는 압도적인 기술적 진보를 목격했습니다. 하지만 기후 위기 시대의 진보란 단순히 더 뛰어난 도구를 만드는 것에 그치지 않고, 그 도구의 사용 목적에 윤리적 필터를 장착하는 과정이 필요합니다. 쇄빙선의 강력한 마력이 자원을 약탈하기 위한 파괴의 망치가 될지, 아니면 위기에 처한 생태계를 보호하고 안전한 연결을 돕는 구호의 지팡이가 될지는 전적으로 우리의 실천적 지혜에 달려 있습니다.

35년 해운인으로서 필자가 제언하는 미래의 항해술은 바로 이 '기술과 도덕의 합일'입니다. 배를 띄우는 행위가 지구에 가하는 상처를 최소화하려는 공학적 배려와 함께하고 항로를 통해 얻은 부를 다시 지구의 생명력을 회복하는 데 재투자하는 경제적 선순환이 이루어질 때, 우리의 해운은 비로소 '진보'라는 이름에 걸맞는 품격을 얻게 됩니다. 기술은 이제 자연을 굴복시키는 승전보가 아니라, 자연의 변화에 귀를 기울이고 그 리듬에 맞춰 문명의 속도를 조율하는 가장 정교한 소통의 언어가 되어야 합니다.

10-3절 북극이 제안하는 상생의 길

길은 언제나 교류를 낳고, 진정한 교류는 서로의 다름을 깊이 응시하고 인정하는 데서 시작됩니다. 북극항로를 통해 동양과 서양이 지구의 북단에서 더 가깝게 맞닿는다는 것은 단순히 물류의 시간이 단축되는 경제적 사건 이상의 인문학적 무게를 갖습니다. 그것은 북동항로를 관리하는 러시아의 역사적 집착과 북서항로를 지키려는 캐나다의 주권적 의지, 그리고 그 길을 수만 년간 터전으로 삼아온 원주민들의 고대 지혜가 하나의 바다에서 소용돌이치며 섞이는 과정입니다.

우리는 이 길 위에서 서로의 안보적 우려를 경청하고, 전 지구적 기후 위기라는 공동의 적에 맞서 연대하는 법을 배워야 합니다. 800년 전 칭기즈칸의 역참제가 대륙의 파편화된 정보를 하나로 묶었듯이, 현대의 북극항로는 인류가 각자도생의 정치를 넘어 지구 차원의 안녕을 위해 지혜를 모으는 새로운 글로벌 신경망이 되어야 합니다. 타자의 생존이 곧 나의 번영과 직결되어 있음을 깨닫는 것, 그리고 힘의 논리가 아닌 이해와 존중을 항해의 최우선 가치로 두는 것만이 우리를 파멸의 암초로부터 구해낼 수 있습니다.

이제 우리는 이 새로운 항로가 우리 문명에 남길 최종적인 유산이 무엇인지 물어야 합니다. 우리가 바다 위에 남긴 수많은 항적은 물결이 잦아들면 곧 흔적도 없이 사라졌습니다. 하지만 인류가 북극해에 남기는 도덕적 항적은 결코 사라지지 않고 행성의 기억 속에 각인될 것입니다. 우리는 지금 단순히 화물을 실어 나르는 지름길을 닦는 것이 아니라, 우리 아이들이 살아갈 '내일의 영토'를 조각하고 있는 셈입니다.

성찰 없는 개척은 탐욕의 기록으로 남을 뿐이지만, 지구와의 조화를 전제로 한 전진은 문명의 성숙을 증명하는 훈장이 됩니다. 북극의 마지막 얼음 조각 하나를 지키기 위해

 얼음의 눈물, 황금의 항로

기술적 오만을 절제하고, 쇄빙선의 엔진 소리를 낮추어 고래의 소리를 보호하며, 원주민의 사냥길을 존중하는 행위는 인류세를 살아가는 우리가 지켜야 할 최소한의 존엄입니다. 북극항로는 인류가 지구 공동체의 책임 있는 청지기로서 거듭날 수 있는지를 시험하는 마지막 무대입니다.

우리가 북극항로를 통하여 도달할 목적지는 지도의 한 지점이 아닙니다. 그것은 인류가 자신의 강력한 힘을 스스로 통제하고, 자연과 상생하며 전진할 수 있다는 도덕적 확신의 항구입니다. 북극항로라는 이 아이러니하고 경이로운 길은, 문명사의 마지막 약탈지가 아닌 지구와 화해하는 성찰의 공간으로 완성되어야 합니다.

길 위에서 얻는 진정한 가치는 도착지에 얼마나 빨리 닿았느냐가 아니라, 그 길을 걷는 동안 우리가 어떤 존재로 변모했는지에 의해 결정됩니다. 우리가 북극의 찬 바다를 가르며 남기는 항적은, 인류가 지구적 위기 앞에서 얼마나 지혜롭게 응전했는지를 기록하는 가장 정직한 인류의 자서전이 될 것입니다.

이제 우리는 이 모든 사유의 닻을 내리고, 우리가 개척해야 할 진정한 길은 차가운 바다 위에 있는 것이 아니라 바로

우리 내면의 뜨거운 성찰 속에 있음을 확인하며 대단원의
막을 에필로그로 넘기고자 합니다.

Epilogue

우리가 개척해야 할
성찰의 길

우리가 개척해야 할 성찰의 길

인류 문명의 첫 발자국이 대지 위에 새겨진 이래, 우리는 단 한 순간도 멈추지 않고 길을 닦아왔습니다. 사막의 모래바람을 뚫고 지나간 비단길부터 대륙의 험준한 절벽을 깎아 만든 차마고도(茶馬古道), 거친 대양을 가로지른 대항해 시대의 항로, 그리고 대지의 허리를 끊어 바다를 이었던 거대 운하에 이르기까지, 인류는 언제나 지평선 너머를 갈망하며 자신의 세계를 확장해 왔습니다. 그리고 이제 우리는 행성의 가장 꼭대기, 억겁의 세월동안 금단의 성소였던 얼어붙은 북극해에 새로운 문명의 항적을 남기려 하고 있습니다.

이제 이 책의 여정을 마무리하며 우리가 마주한 진실은 명확합니다. 북극항로는 인류가 땀 흘려 닦은 영광의 길이 아니라, 지구가 열병을 앓으며 마지못해 열어준 위기의 길이라는 사실입니다. 그래서, 지구가 겪는 고통의 산물인 이 길 앞에서 우리가 취해야 할 태도는 환호가 아닌 겸허한 성찰이어야 합니다. 우리가 이 지름길을 통해 얻는 시간과 비용의 이득은, 사실 우리가 지구에 진 생태적 부채의 일부를 미리 가불해 쓰는 것과 다름없기 때문입니다.

우리는 원자력의 강력한 힘과 인공지능의 정교한 계산을 통해 북극의 빗장을 열고 있습니다. 이는 호모 파베르가 도달한 공학적 승리의 정점입니다. 하지만 우리가 북극해의 빙벽을 뚫고 나아가는 이유는 단순히 물자를 더 빨리 실어 나르기 위함만이 아니어야 합니다. 이 길은 인류가 기후 위기라는 거대한 재앙 앞에서 얼마나 지혜롭게 응전할 수 있는지, 기술의 승리를 도덕적 성숙으로 어떻게 승화시킬 수 있는지를 시험하는 마지막 길이 되어야 합니다. 쇄빙선이 부수는 얼음 조각마다, 인공지능이 그리는 항로의 궤적마다 우리는 지속 가능한 공존이라는 질문을 새겨 넣어야 합니다.

쇄빙선의 엔진 소리가 북극곰의 사냥터를 가로지를 때, 우리는 그 굉음 속에 묻힌 행성의 비명을 들을 수 있어야 합니다. 진정한 문명의 위대함은 영토를 정복하는 물리적 크기가 아니라, 타 생명체와 미래 세대의 생존권을 보살피는 사유의 깊이에서 증명되기 때문입니다.

과거의 길들이 문명을 잇는 가교였다면, 북극항로는 인류의 과거와 미래를 잇는 성찰의 다리입니다. 우리가 그릴 내일의 지도는 국경선이 선명한 분절된 세계가 아닙니다. 그것은 생태적 위기와 경제적 기회가 유기적으로 연결된 공존의 망이 되어야 합니다. 정화(鄭和)의 함대가 멈췄던 그 자리에서 우리가 다시 돛을 올리는 진정한 목적은, 과거의 제국들이 범했던 정복의 길을 반복하는 것이 아니라 지구와 화해하며 전진하는 새로운 항로를 설계하는 데 있어야 합니다.

지구가 열병을 앓으며 내어준 이 유예 기간은 우리에게 마지막 기회를 준 것입니다. 우리는 이제 자원을 선점하려는 탐욕의 계산기를 내려놓고, 지구가 감당할 수 있는 속도로 문명의 보폭을 조절하는 실천적 지혜를 발휘해야 합니다. 북극의 마지막 얼음 조각이 우리에게 보내는 신호는 자국 우선주의의 깃발을 꽂으라는 독촉이 아니라, 지구가 감당할 수 있는 속도로 문명의 보폭을 조절하며 책임을 다하는 청지기 정신(Stewardship)으로 거듭나라는 준엄한 권고입니다.

이제 북극의 찬 바람 속에서 우리의 항해는 계속될 것입니다. 하지만 그 항해는 단순히 경제적 효익만을 추구하는 황금의 항로이기를 기대하지 말 것을 제안합니다. 우리가 이 길 위에서 찾아내야 할 진정한 보물은, 기술의 힘을 절제하고 자연과 조화롭게 공존하며 미래 세대에게 부끄럽지 않은 항적을 남기는 성숙한 문명의 자부심입니다.

길은 결코 멈추지 않습니다. 다만 그 길을 걷는 우리의 마음가짐이 바뀔 뿐입니다. 백색의 침묵을 가로지르는 새로운 항로 위에서, 인류가 정복자가 아닌 동반자로서 지구와 함께 상생의 춤을 추는 그날을 꿈꿔봅니다. 우리가 개척해야 할 진정한 길은 차가운 바다 위에 있는 것이 아니라, 바로 우리 내면의 뜨거운 성찰 속에 있기 때문입니다.

그동안 북극의 얼음 바다를 함께 여행해 주신 독자 여러분께 깊은 감사를 표하며, 여러분 각자의 가슴속에 상생과 공존의 항로가 선명하게 그려지기를 기원합니다.

얼음의 눈물, 황금의 항로

- 북극항로가 제안하는 상생의 인문학 -

1쇄 발행 2026년 1월 22일
지은이 양진호
펴낸이 김영경
펴낸곳 쑬딴스북
인디자인 인지예

출판등록 제2021-000088호(2021년 6월 22일)
주소 경기도 파주시 탄현면 헤이리마을길 82-91 B동 202호
이메일 fuha22@naver.com

ISBN 979-11-94047-35-3